생활 속의
바가바드기타

우리. 삶이. 요가가. 된다면

생활 속의 바가바드 기타

우리. 삶이. 요가가. 된다면

한혜정 해설

일러두기

1. 제목이나 소제목 이외의 부분에서 『바가바드 기타The *Bhagavad-gītā*』는 『기타』로 줄여서 표기하였습니다.
2. 『기타』 원문 각 장의 구절에 표시된 번호는 원전에 표시된 번호를 그대로 따랐습니다.
3. 브라흐만은 보통 브라만으로 표기되기도 하는데 이 책에서는 브라흐만으로 표기하였습니다.
4. 『기타』의 원문 번역은 Radhakrishnan, S.(New York: Harper & Brothers Publishers, n.d.), Easwaran, E. (London: Arkana, 1985), Buitenen, J. A. B.(Chicago: Chicago Univ. Press, 1981)의 영역본과 길희성(현음사, 1984), 함석헌(한길사, 1996), 임승택(경서원, 1998), 정창영(시공사, 2000)의 국역본을 참조하였습니다. 또한, 산스크리트 원문의 문법적 분석은 임승택 국역본에 의존하였으며 각 구절을 쉬운 우리말로 표현하는 것은 정창영 국역본에 의존하였습니다.

The Bhagavad Gītā

영원을 이야기 하고 있는, 세상에서 가장 빛나는 경전

— 올더스 헉슬리

생활 속의 길잡이
『바가바드 기타』

　내가 『기타』를 처음 접한 것은 『기타』에 대한 박사 논문을 준비할 때였다. 교육학 전공자가 힌두교 경전인 『기타』에 대한 박사 논문을 쓴다는 것은 그 당시에도 지금도 흔한 일은 아니다. 그렇기 때문에 그동안 『기타』를 가지고 왜 교육학 박사 논문을 썼느냐는 질문을 많이 받았는데, 사실 특별한 이유나 동기가 있었던 것은 아니었다. 동양의 종교 경전에서 교육학적 의미를 도출해내는 데에 관심이 많으셨던 당시 지도교수님의 영향이 컸고, 나 또한 그러한 작업에 흥미를 가지고 있었기 때문이었다.

　『기타』에 대하여 박사 논문을 쓰는 작업은 처음부터 쉬울 것이라는 생각을 하지 않았지만, 막상 시작하고 보니 더욱 어려웠다. 이미 한글이나 영어 번역본이 여럿 출판되어 있었지만 어떤 번역본을 읽어도 줄거리나 뜻을 파악하기란 쉽지 않았다. 그래서 산스크리트 원문을 직접 읽지는 못해도 원문과 번역본을 대조하면서 읽을 수는 있어야 할 것 같아 그 당시 인문대학 언어학과에 개설되어 있었던 산스크리트어 강좌를 한 학기 청강하였다. 이후 산스크리트어 원문과 한글 번역 및 해설을 동시에 제시한 임승택 선생님의 책(경서원, 1998)을 가지고 『기타』의 구절을 하나하나 한글로 옮기며 뜻을 다듬어 나갔다. 이러한 과정에서 다양한 한글 및 영어 번역본의 내용을 대조하며 자연스러운 표현으로 수정해 나갔고, 이 과정에서는 정창영 선생님의 해설서(시공사, 2000)가 많은 도움이 되었다. 『기타』의 원문을 어느 정도 이해하게 된 이후에는 앞서 한글로 정리해두었던 것을 늘 옆에 두고 반복해서 읽으면서 조금씩 수정하였는데, 이 책에 제시된 『기타』의 한글 번역문은 바로 그러한 과정의 결과로 나온 것이다.

　기나긴 우여곡절 끝에 박사 논문을 받게 되었고 그 이후에도 나는 『기타』의 메시지를 이해하고자 하는 노력을 멈추지 않았다. 그 결과 처음보다 『기타』의 메시지를 조금 더 이해하게 되었고 그것이 살아가는 데에 얼마나 유익한지도 알게 되었다. 그래서 내가 이해한 것을 사람들에게 알려야겠다는 생각을 했고, 이렇게 책으로 출판

하는 용기도 가지게 되었다. 다만, 『기타』를 처음 대하는 독자들에게 『기타』를 좀 더 친숙하게 느끼게 하기 위해서는 어떤 구성으로 책을 만들어야 할지에 대하여 많은 고민이 필요했다.

내 경험에 의하면 사람들이 『기타』를 처음 접했을 때 어려움을 느끼며 마지막 장까지 읽는 것을 포기하는 이유는 다음의 두 가지다. 첫째는 산스크리트 인명이나 개념들이 생소하고, 인도철학의 형이상학적 개념들이 난해하게 느껴진다는 점, 둘째는 같은 내용이 처음부터 끝까지 반복된다는 점이다. 물론 이는 점진적 구조로 주인공 아르주나의 깨달음이 점점 깊어지는 것을 드러내기 위한 것이지만, 크리슈나의 가르침은 같은 어구의 반복으로 제시되기 때문에 1장부터 18장까지를 읽으면서 이야기상의 기, 승, 전, 결을 기대하는 독자들에게는 이러한 구조가 난해하게 느껴지기 쉽다.

그래서 이 책은 무엇보다 『기타』를 처음 읽는 독자들에게 도움이 되고자 형이상학적 이론이나 용어에 대한 설명은 가능한 한 간단하고 쉽게 제시하였다. 처음 읽을 때는 의도적으로 그러한 부분을 피해서 읽으라는 조언도 삽입하였다. 물론 『기타』를 어느 정도 이해한 후에는 형이상학적 이론이나 개념이 제시된 부분도 빠짐없이 읽고 참고문헌을 찾아 깊이 이해하면 더욱 좋다. 또한, 『기타』의 전체 메시지를 미리 파악해두면 그 후에는 전체의 흐름을 따라가기 수월할 것으로 예상하여, 첫 서두에 『기타』의 전체 메시지를 설명하는 장을 별도로 두었고, 이러한 전체 메시지와 관련하여 18개의 장을 일곱 개의 부로 나누고 각 부와 장에 제목을 붙였다. 물론 원문에는 18개의 장이 제목 없이 순서대로 제시되어 있다.

그리고 원문 부분에서의 해설은 가능한 한 간단하게 제시하였다. 나 역시 『기타』를 처음 읽을 때 장마다 붙어있는 해설을 읽고 원문을 이해하려 노력했지만, 생각보다 그것이 많이 도움되지 않았다. 오히려 각 장을 반복하여 읽으면서 이해가 되는 경우가 많았다. 따라서 전체적인 메시지에 대한 설명이나 용어와 관련된 설명 등 『기타』를 이해하는 데에 도움이 되는 내용은 책 앞부분에 모두 제시하고 원문 해설 부분에는 가능한 최소한의 설명만을 제시하여 모든 것을 독자의 몫으로 남기고자 하였다.

이 책에 제시된 『기타』의 전체 메시지는 내가 현재 이해한 바의 것이다. 나의 이해와 다르거나 이보다 더 깊은 이해도 물론 가능할 것이다. 다만, 『기타』를 처음 읽는 독자들이 이 책의 도움으로 『기타』를 이해하고자 하는 노력을 지속하여, 이후 독자 나름대로 이해한 『기타』의 메시지를 가지게 되기를 바란다.

『기타』에 대한 해설서로서 세상에 내놓기 부끄러운 책이지만 그럼에도 불구하고 『기타』는 어느새 내 생활 속에 길잡이로 자리 잡았고, 이것을 가능하게 해주신 분들께 감사의 말씀을 전해드려야 할 것 같다. 『기타』를 알게 해주신 이홍우 교수님과 짧은 기간이나마 산스크리트어를 꼼꼼히 가르쳐 주셨던 박기용 교수님께, 나의 『기타』와의 씨름을 늘 지지해주고 응원해준 친구 곽덕주와 윤수민에게, 그리고 이 책의 출판을 허락해주신 체온 365 출판사 최규학 대표님과 초고를 꼼꼼히 읽고 좋은 조언을 해주신 편집진 고광노, 김남우 선생님께 깊이 감사드린다. 또한, 많은 시간 컴퓨터 자판 앞에 앉아 있는 것을 묵묵히 참아준 남편 권인섭과 소중한 아들과 딸 권성준, 권지민에게, 그리고 부끄러운 딸을 늘 자랑스럽게 생각해주시는 어머니께 깊은 감사의 마음을 전해드린다.

2016년 1월
정동 연구실에서
한혜정

『바가바드 기타』의 이해를 위한 안내

『바가바드 기타』의 원문 및 해설

후기를 대신하여

『바가바드 기타』의
이해를 위한 안내

『바가바드 기타』의
전체 메시지

전쟁의 비유

'거룩한 자의 노래' 혹은 '신의 노래'라는 뜻을 가진 『기타』는 인도
의 대서사시 『마하바라타Mahābhārata』의 한 부분이다. 『마하바라타』
는 베다 시대의 아리안족 중 하나인 바라타족의 군담(軍談)으로서 인
도의 현재 델리 부근인 쿠루크셰트라라는 지방에서 벌어지는 판다
바 형제와 카우라바 형제 사이의 왕위계승을 둘러싼 전쟁 이야기가
그 중심소재이다. 이러한 『마하바라타』는 오랜 세월을 두고 전수되
는 동안 여러 가지 사상적 내용이 결합하여 현재는 약 10만 송(頌) 가
량의 방대한 서사시 18권으로 구성되어 있으며, 『기타』는 이 18권
중 제6권에 포함되어 있다.

『기타』의 주인공으로 등장하는 아르주나는 몰락한 판다바 왕국의 다섯 왕자 가운데 셋째이다. 판다바 왕국의 첫째인 유디슈티라는 옛 판다바 왕국의 절반을 지배하고 있던 사촌, 카우라바 왕국의 첫째인 두료다나의 꾐에 빠져 도박으로 나라를 잃었다. 유디슈티라는 도박에서 진 대가로 치러야 했던 12년 동안의 유배생활을 마친 뒤 두료다나에게 자신의 나라를 돌려 달라고 요청하였지만, 두료다나는 그 요청을 거절하였고 왕실 어른들의 중재도 실패로 돌아갔다. 그리하여 사촌 형제들 사이의 전쟁이 불가피하게 되었는데,『기타』는 카우라바 형제들과 판다바 형제들이 쿠루크셰트라 들판 양편에 군대를 대치시키고 왕권을 차지하기 위한 살육전을 벌이려고 하는 찰나에 아르주나와 크리슈나 사이에 오간 대화로 이루어져 있다. 또한, 두료다나의 아버지인 장님 드리타라슈트라에게 그의 신하인 산자야가 전황을 보고하면서 그들의 대화 내용을 전하는 형식을 취하고 있다.

이 전쟁에서 크리슈나는 아르주나의 전차 몰이꾼으로 등장한다. 크리슈나는 아르주나의 전차를 몰면서 그에게 적절한 가르침과 충고를 주는 임무를 수행한다. 크리슈나는 베다 등의 인도 경전에 자주 등장하는 이름으로서 인도 전역의 모든 계층에서 가장 사랑받는 신 중 하나이다. 『기타』에서 크리슈나는 아르주나의 전차 몰이꾼이지만 사실은 모든 현상 세계 이면에 존재하는 실재(『기타』에서는 이를 브라흐만으로 표현한다)의 화신이다. 『기타』의 이야기가 전개됨에 따라 아르주나의 깨달음은 높아져가고, 크리슈나는 본래의 면모를 드러낸다. 처음에는 전차 몰이꾼으로 출발하지만 중간에는 영적인 스승으로, 마지막에는 실재나 신, 즉 브라흐만으로 나타나는 것이다. 깨달음에 대한 아르주나의 고백이 시작되는 11장에서 아르주나는 다음과 같이 크리슈나를 찬양한다.

> 오, 위대한 자아시여! 무한하신 이여!
> 당신은 신들의 신이시며 모든 존재의 집입니다.
> 당신은 존재인 동시에 비존재이며
> 불멸하는 지극히 높은 분이십니다.
>
> 당신은 최초의 신이시며 태고의 정신이십니다.
> 당신은 인식의 주체이시며 대상이십니다.
> 당신 안에 온 세상이 있으며
> 온 세상의 모든 형상이 다 당신입니다. 〈11:37~38〉

전쟁에서 왕권을 되찾기 위하여 아르주나가 싸워야 할 상대는 낯선 사람이 아니라 사촌 형제들, 자기를 길러 준 큰아버지, 어릴 때 자신을 가르치고 인도해 준 스승과 친척 어른 등 모두 자신의 친지이다. 아르주나는 오랫동안 부당한 대우를 받은 자신의 큰형이 적

법한 후계자로서 왕권을 되찾아야 하며, 이 점에서 전쟁은 불가피
한 것이라는 생각을 하면서도 혈육 간 전쟁의 결과가 얼마나 비참할
것인지를 내다보며 번민한다. 전쟁에 임하면 친족을 살해하는 죄를
범하게 되고, 전쟁에 임하지 않으면 군인의 의무를 저버리는 죄를
범하게 된다. 이에 아르주나는 이러지도 저러지도 못하는 진퇴양난
의 순간에 싸우려고 뽑아들었던 활을 내던지고 극심한 고뇌에 빠진
다. 아르주나는 크리슈나에게 자신이 어떻게 해야 할지를 가르쳐달
라고 다음과 같이 간절히 부탁한다.

크리슈나여!
나는 전쟁에서의 승리도, 왕국도, 쾌락도 원하지 않습니다.
왕국이 도대체 무엇이며 즐거움이나 삶 또한 무엇입니까? 〈1:32〉

우리가 저들을 이기는 것이 나은지
아니면 저들이 우리를 이기는 것이 나은지 저는 모릅니다.
사촌 형제들이 지금 우리와 싸우려고 하고 있지만
저들을 죽이고 나면 우리도 살고 싶은 마음이 없어질 것입니다.

정말 혼란스러워 어찌할 바를 모르겠습니다.
지금 이 상황에서 어떻게 하는 것이 좋은 것입니까?
당신을 스승으로 모시고자 하니 제발 가르쳐 주십시오. 〈2:6~7〉

『기타』는 이러한 아르주나의 문제를 해결하기 위해 크리슈나가
조언을 하는 구성으로 되어 있다. 앞서 설명한 전쟁의 배경을 어떻
게 이해하는지는 『기타』의 전체 메시지를 이해하는 데에 매우 중요
하다.

전쟁 같은 인간의 삶

아르주나가 당면한 상황은 군인의 의무와 가족에 대한 의무 사이
에서 갈등하는 도덕적 딜레마의 상황으로 해석하기도 하고, 인간의
내면에서 일어나는 선과 악의 싸움을 비유적으로 표현한 것으로 해
석하기도 한다. 하지만 본 해설서에서는 『기타』의 전쟁 배경을 무
엇보다 '인간의 삶 그 자체', 즉 '인간이 삶을 살아가는 것 그 자체'로
해석한다.

인간은 자신의 선택이나 의지와는 상관없이 모든 것이 결정된 상
태로 세상에 태어난다. 각 개인은 어떤 국가, 지역, 가정에 태어날지
에 대하여 선택의 여지가 전혀 없으며, 외모, 건강, 성향 등 신체적
조건에 대해서도 선택권이 없다. 나이가 들어 늙고 병들어 죽는 것
은 누구도 피할 수 없으며, 태어나서 죽을 때까지 자신의 의지대로
할 수 있는 일은 무척 드물고 오히려 온갖 억압과 부조리를 견디며
살아가야 한다. 가난과 각종 질병에 시달리기도 하고, 다양한 관계

속에서 힘을 얻어 살아가지만, 그에 따른 책임과 의무의 부담을 감수해야 하기도 한다. 이처럼 사회적으로든 개인적으로든 모든 것이 결정된 촘촘한 관계망 속에서 한순간도 자유롭지 못하게 살아가는 것이 인간의 삶이다.

자유롭지 못한 인간의 삶은 때로는 인정사정없이 잔인하기까지 하다. 굳게 믿었던 사람에게 하루아침에 배신을 당하거나 잘 나가던 사업이 하루아침에 망해 빚더미에 앉게 되는 일도 있다. 억울한 누명을 뒤집어쓰고 그 누명을 벗기 위해 백방으로 뛰어다니지만, 속수무책인 경우도 있다. 의로운 일을 했으나 인정받기는커녕 오히려 그로 인해 부당한 처우를 감내해야 하고 오히려 의롭지 못한 일을 한 사람이 보상을 받는 것을 묵묵히 지켜봐야 한다. 불의의 사고나 불치의 병으로 사랑하는 사람을 하루아침에 잃기도 하고 그것이 바로 나에게 닥치기도 한다. 큰 사건이나 불행이 아니더라도 인간은 일상생활 속에서 일어나는 사소한 일들로 인해 기쁨, 슬픔, 분노, 미움, 수치감 등 내면에서 일어나는 갖가지 감정의 소용돌이를 참고 버티며 하루하루를 살아간다.

이처럼 인간이 살아가는 모습은 아르주나가 당면한 전쟁의 상황과 매우 닮았다. 참전 군인의 처지에서 볼 때 전쟁은 한번 시작되면 언제 끝날지 모른다. 전쟁에 투입된 군인은 전쟁을 스스로 끝낼 수 없고 전쟁이 싫다고 도망칠 수도 없다. 군인이 할 수 있는 것은 오직 주어진 임무대로 열심히 싸우는 것뿐이다. 이처럼 인간은 언제 끝날지 모를 전쟁 같은 삶 속에 구속되어 각자의 위치와 상황에서 전쟁을 치르듯 살고 있다. 대부분의 인간은 전쟁 같은 삶 속에서 아무런 의식 없이 묵묵히 견디며 살아가지만, 어느 순간 그러한 삶으로부터 한 발짝 물러서서 '왜 이런 전쟁이 일어났지? 왜 이런 전쟁을 치러야 하지? 전쟁의 득과 실은 무엇이지? 나는 왜 이 전쟁에 참여하고 있는 거지?'라는 의문을 가지게 되는 경우가 있다. 물론 이런 의문을 가지게 되는 계기는 사람마다 다를 것이고, 모든 사람이 이러한 의문을 가지는 것 또한 아니다.

자신의 삶으로부터 한 발짝 물러서서 전쟁 같은 삶에 대해 이런저런 의문을 가지고 나의 삶에서 일어난 일, 일어나고 있는 일들에 대하여 스스로 이해 가능한 이유를 찾으려는 순간 인간은 절망하게 된다. 왜냐하면, 우리의 삶에서 일어나는 일들은 인간이 이해할 만한 이유로 일어나는 것이 아니기 때문이다. 또한, 이러한 절망의 순간에서 인간은 삶에 대한 의욕을 모두 내려놓기도 한다. 스스로 생을 마감하는 경우도 있고, 차마 죽지 못하여서 되는 대로 살아가거나 아니면 삶의 많은 부분을 포기하고 자신이 위로받고 조정할 수 있는 부분만 바라보면서 살아가기도 한다.

『기타』에서 아르주나가 친족과의 전쟁을 앞두고 이러지도 저러지도 못하는 상황은, 이처럼 인간이 전쟁 같은 삶 속에 지쳐 자신의 삶에 대한 어떤 합리적 이유나 설명을 구하고자 할 때 부딪히는 절망적인 순간을 군인으로서의 의무를 다하려면 자신의 혈육을 죽일 수밖에 없는 극도의 감정으로 표현하고 있는 것이다.

전쟁 같은 삶을 대하는 자세

크리슈나는 친족과의 전쟁에 직면하여 절망하는 아르주나에게 '힘을 다해 나가서 싸우라!'고 명령한다. 우리의 삶에서 이것은 말 그대로 구속적이고 불합리하며 잔인하기까지 한 삶을 포기하지 말고 적극적으로 헤쳐나가라는 것을 의미한다. 얼핏 이러한 크리슈나의 명령은 '삶이 힘들더라도 묵묵히 참고 견디면 언젠가는 좋은 날이 온다'는 고진감래의 교훈으로 생각될 수도 있지만, 그러한 교훈은 존재론적 절망에 빠진 아르주나에게는 전혀 위로가 되지 않는다. 왜냐하면, 열심히 전쟁에서 싸워도 무참히 패배하여 참전병들이 모두 희생되는 전쟁이 있는 것처럼, 인간이 모든 고난을 이겨내며 열심히 살아도 좋은 날은 오지 않을 수 있으며, 좋은 날이 오더라도 곧 다른 불행이 닥치기도 하기 때문이다. 크리슈나는 전쟁에서 있는 힘을 다해서 싸우되 왜 전쟁에 참여하여 싸워야 하는지, 싸우려면 어떻게 싸워야 하는지 다음과 같이 설명한다.

그대의 말은 그럴듯하다.
하지만 그대는 슬퍼할 이유가 없는 것에 대해 슬퍼하고 있다.
지혜로운 사람은 산 자를 위해서도,
죽은 자를 위해서도 슬퍼하지 않는다.

그대와 나와 여기 모여 있는 왕들은
항상 존재하고 있었으며
앞으로도 영원히 존재할 것이다.

인간의 육신은
유년기, 장년기, 노년기의 몸을 차례로 거쳐 가듯이
죽은 다음에는 죽은 다음의 몸을 입는다.
지혜로운 사람은 이런 변화에 미혹되지 않는다.

사람은 감각기관과 감각대상의 접촉에 의해
차가움과 뜨거움, 즐거움과 괴로움을 경험한다.
그러나 이런 경험은 흘러가는 것이다.
일시적으로 왔다가 가는 것들이니 참고 견뎌라.

이런 변화가 일어나도 동요하지 않고
즐거움과 괴로움을 동일한 것으로 여기는 사람이
진정으로 지혜로운 사람이며
영원한 생명을 얻기에 합당한 사람이다. 〈2:11~15〉

육체는 사라져 없어지지만
육체 속에 거하는 측량할 수 없는 이 실재는
영원히 죽지 않는다.
그러니 아르주나여,
아무 염려 말고 나가서 싸워라.

자기가 누군가를 죽인다고 생각하는 사람이나
누군가가 자기를 죽인다고 생각하는 사람은
둘 다 무지한 사람이다.

죽는 것도 죽임을 당하는 것도
없기 때문이다.
너는 태어난 적도 없으며 죽지도 않는다.
너는 결코 변하지 않는다.
태어나지도 않고 변하지도 않으며
태고부터 존재한 영원한 그것은
육체가 죽는다고 해도 죽지 않는다.

자기가 태어나지도 않고 변하지도 않으며
죽지도 않는 영원한 존재임을 깨달은 사람이
어떻게 다른 사람을 죽이거나 죽일 수 있다고 생각하겠는가?
〈2:18~21〉

이것은 아르주나의 문제에 대한 크리슈나의 해결이 고진감래의 교훈보다 더 근본적인 관점에서 해석되어야 한다는 것을 의미한다. 아르주나는 전쟁에 참여하여 싸우는 것은 친족들을 살해할 수밖에 없으므로 전쟁에 참여할 수 없다고 말하며 슬퍼하는 것인데, 여기에 대해 크리슈나는 '슬퍼할 이유가 없는 것에 대해서 슬퍼하고 있다.〈2:11〉'고 말하면서 '자기가 누군가를 죽인다고 생각하는 사람이나 누군가가 자기를 죽인다고 생각하는 사람은 둘 다 무지한 사람이다. 죽는 것도 죽임을 당하는 것도 없기 때문이다 (……) 자기가 태어나지도 않고 변하지도 않으며 죽지도 않는 영원한 존재임을 깨달은 사람이 어떻게 다른 사람을 죽이거나 죽일 수 있다고 생각하겠는가?〈2:19~21〉'라고 반문한다. 즉, 전쟁에 참여하여 싸우면 자신이 친족을 죽이게 되는 것 때문에 슬퍼하고 망설이는 아르주나에게 크리슈나는 그렇게 생각할 필요가 없다고 말한다. 왜냐하면 '인간은 태어나지도 변하지도 죽지도 않는 영원한 존재이기 때문에 누군가를 죽이거나 누군가에 의하여 죽임을 당하는 일이 없으며 다른 사람을 죽이거나 죽일 수 있다고 생각하는 것 자체가 잘못된 생각'이라는 것이다.

이러한 크리슈나의 설명은 아르주나가 전쟁에 참여하여 실제 친족을 살해해도 된다는 것을 의미하는 것이 아니라, 인간이 살아가면서 겪게 되는 모든 일, 특히 매우 충격적이고 절망적인 일들 또한 그저 왔다가 지나가는 것이기 때문에 그것으로 인하여 슬퍼할 필요가 전혀 없다는 것을 의미한다. 인간이 살면서 가장 받아들이기 어려운 것은 죽음이다. 크리슈나는 이러한 죽음마저도, 슬퍼하고 절망할 필요가 없다는 것을 말하기 위해 친족을 살해해야 하는 극단적 장면을 설정한 것이다. 인간이 겪게 되는 가장 충격적인 사건인 육체적 죽음, 그리고 그 외에 세상의 온갖 충격적이고 절망적인 사건들은 왔다가 지나가는 것이며 그것으로 인하여 우리가 슬퍼하고 절망하는 것은 우리의 마음이 지어내는 '허상'에 우리가 속박되는 것일 뿐임을 강조하고 있다.

크리슈나가 아르주나에게 전쟁에 나가서 싸우라고 하는 것은 결국 전쟁 같은 삶에 대항하여 싸우되, 우리의 마음이 지어내는 '허상'과 맞서 싸워 이겨서 삶의 '실제 모습' 즉, '진상'을 보라는 것을 의미한다. 『기타』에서는 이러한 삶의 진상을 **브라흐만**brahman이나 **아트만**ātman이라는 용어로 표현되는데 본 해설서에서 브라흐만은 브라흐만 그대로 표기되기도 하고 '실재'로 표기되기도 하였다. 아트만 또한 맥락에 따라 아트만 그대로 표기되고 어떤 부분에서는 '참자아'로 표기되었다. 인간 세상 전체의 진상은 **브라흐만(실재)**이며, 인간 마음의 진상은 **아트만(참자아)**이다.

이처럼 인간은 끊임없이 변화되는 세상이 세상의 전부라고 생각하고 그러한 세상의 변화에 따라 좌지우지하며 고통스럽게 살고 있지만, 『기타』는 우리가 보고 느끼고 경험하는 세상은 거짓 세상이고 참 세상은 따로 있다고 말하고 있다.

전쟁에서 이기기 어려운 이유

그렇다면 인간은 왜 거짓 세상만을 보고 참 세상을 보지 못하는 것일까? 참 세상을 볼 수 있는 참된 지혜는 가질 수 없는 걸까? 이에 대하여 크리슈나는 다음과 같이 설명한다.

> 아르주나여,
> 불이 연기에 가려지고
> 거울이 먼지에 가려지며
> 태아가 자궁에 가려져 있듯이
> 참된 지혜는 이러한 욕망과 분노에 가려져 있다.
>
> 도저히 만족하지 못하는
> 이 욕망의 불길이 지혜를 가린다.
>
> 이기적인 욕망은
> 감각기관과 마음과 지성 속에 뿌리를 내리고 있으면서
> 참다운 지혜를 덮어 어둡게 만든다.

그래서 사람들은 망상에 빠진다.

그러므로 아르주나여,
그대는 그대의 감각기관을 제어함으로써
지혜와 분별력을 가리고 깨달음에 이르지 못하게 방해하는
그대의 적을 쳐부수라. 힘을 다해 싸워라. 〈3:38~41〉

 크리슈나의 설명에 의하면 『기타』는 세계의 진상, 실재, 참 세상
이 존재함에도 불구하고 그것을 보는 눈을 어둡게 만드는 것은 인간
이 가지고 있는 이기적인 욕망이며 그것은 인간이 육체를 가지고 있
다는 사실, 즉 육체라는 물질적 본성에 의존하여 사는 한 어쩔 수 없
는 것이라고 설명한다.
 『기타』에서는 인간이 가지고 있는 이러한 **물질적 본성**을 **프라크
리티**prakriti로 부르며, 육체를 가진 인간에게 일어나는 모든 내적 작
용 예컨대 감각능력, 자의식, 인지능력 등은 이러한 프라크리티로부
터 비롯된다고 설명한다.
 『기타』에서 인간은 이러한 물질적 본성의 작용에 종속되지 않고
그 작용을 확실히 알고 제어할 수 있을 때 참세상, 참자아를 깨달을
수 있다. 인간이 자신에게 일어나는 모든 인식 및 감각의 작용이 프
라크리티의 작용임을 깨닫게 되면 **푸루샤**purusha라는 **정신적 본성**

이 드러나게 되는데, 푸루샤는 물질적 본성인 프라크리티와 대조되는 개념이다. 인간의 내면에는 프라크리티만 있는 것이 아니라 푸루샤도 있는데 인간이 푸루샤를 모르고 오로지 프라크리티만 있다고 생각하여, 그것에 의해 일어나는 온갖 감정의 소용돌이에 좌지우지되며 살아가는 것은 이기적인 욕망이 푸루샤의 환한 빛을 가리기 때문이라는 것이다. 이처럼 푸루샤는 인간이 자신에게 일어나는 모든 인식 및 감각의 작용이 프라크리티의 작용임을 깨닫게 될 때 드러난다. 다음의 구절은 이러한 프라크리티와 푸루샤의 관계 및 작용을 설명하는 부분이다.

프라크리티와 푸루샤는 둘 다 시작이 없다.
물질의 세 성질과 변화는
모두 프라크리티에서 비롯된다.

프라크리티가
모든 행위의 원인이며 결과이며 행위자이다.
하지만 모든 쾌락과 고통의 향수자는 푸루샤이다.

푸루샤는 프라크리티 안에 머물면서
프라크리티에서 비롯된 구나의 활동을 지켜보며 경험한다.
구나의 활동에 대한 집착이

선과 악의 세상에의 탄생의 원인이 된다.

육체 안에 머물고 있는 지고한 푸루샤는
지켜보는 자이며 인도하는 자이다.
그는 향수하는 자이며 지탱하는 자이다.
그가 곧 지고한 참자아이며 대주재자이다.

푸루샤와 프라크리티와 구나의 본성과 변화를 이해한 사람은
그가 선택한 길이 어떤 길이냐에 관계없이
윤회의 굴레에서 벗어난다. 〈13:19~23〉

위의 구절에서 프라크리티로부터 인간의 모든 내적 작용이 비롯되는 것이라면 모든 인간의 내면 상태와 외적 양상은 같아야 하는데, 인간에 따라 이것이 다르게 나타나는 이유는 무엇인지 질문이 생길 수 있다. 이것을 설명하는 개념이 위의 구절에 등장하는 **구나**guna이다. 구나는 프라크리티로부터 인간의 내적 작용이 시작되도록 하는 동인(動因)으로서 **삿트바**sattva: 밝고 순수하며 평화로운 기운, **라자스**rajas: 욕망과 집착에서 생기는 격정적인 기운, **타마스**tamas: 무지에서 비롯되는 어두운 기운이라는 **세 가지 속성**으로 구성되어 있다. 이 세 가지 속성의 배합에 따라 인간의 내면 상태와 외적 양상이 다르게 나타난다는 것이며, 이 세 가지 기운 중에 삿트바는 라자스

나 타마스에 비해 상대적으로 좋은 기운으로 보이지만 정신을 육체
에 속박당하게 만든다는 점에서는 같다. 즉, 이 세 가지 기운 모두 프
라크리티의 작용이 시작되도록 만듦으로써 푸루샤의 환한 빛을 가려
인간으로 하여금 자신 안에 있는 참자아를 깨닫지 못하도록 만든다
는 것이다. 『기타』의 다음 구절은 이 점을 설명하고 있다.

> 물질적 본성의 세 기운(구나)인
> 밝은 기운(삿트바), 활동적인 기운(라자스), 어두운 기운(타마스)도
> 나에게서 비롯된 것이다.
> 그것들은 나에게 속해 있지만
> 나는 그것들에 속해 있지 않다.
>
> 이 세 가지 기운의 상호 작용으로
> 이 세상의 온갖 현상이 벌어진다.
> 사람들은 현상에 미혹되어 그 배후에 그것을 초월하여 있는
> 불멸의 나를 알지 못한다. 〈7:12~13〉
>
> 삿트바, 라자스, 타마스라는 물질의 세 성질은
> 불멸의 자아를 육체 속에 가두어 놓는다.
>
> 삿트바는 밝고 순수하며 평화로운 기운이다.
> 그러나 삿트바에서 비롯되는 행복과 지혜에 대한 집착은

정신을 육체에 속박당하게 한다.

라자스는 욕망과 집착에서 생기는 격정적인 기운이다.
라자스의 격정적인 활동으로 말미암아
육체의 소유주인 참자아가 미혹에 갇힌다.

타마스는 무지에서 비롯되는 어두운 기운이다.
타마스의 어두운 힘으로 말미암아
육체의 소유주인 참자아가 미혹에 갇힌다.
모든 존재들이 이 기운으로 말미암아
둔함과 게으름의 잠에 빠진다.

아르주나여,
삿트바는 그대를 행복에 집착하게 하고
라자스는 그대를 활동으로 몰아넣으며
타마스는 그대의 지혜를 덮어 미혹에 빠지게 한다. 〈14:5~9〉

전쟁에서 이기는 방법

이상에서 살펴본 바와 같이 우리가 지금까지 삶 또는 세상이라고
믿고 있었던 것이 허상이고 그것은 오로지 싸워서 이겨야 하는 대상
일 뿐이라면 허상인 삶 자체는 무가치한 것일까? 그렇다면 목적 없

이 아무렇게나 살아도 되는 걸까? 이기적인 욕심이 삶의 허상에 얽매여 진상을 보지 못하게 하는 것이라면, 우리는 그 어떤 욕심도 부려서는 안 되는 걸까? 무엇을 성취하려고도 애쓰면 안 되는 것일까? 세상의 모든 구별과 차별은 우리의 마음이 지어내는 것일 뿐 원래 존재하는 것이 아니라면, 우리는 어떤 차이나 차별도 만들어서는 안 되는 걸까? 다른 사람과 내가 달라지기 위해서, 과거의 나와 다른 현재의 나, 그리고 현재의 나와 다른 미래의 나를 만들기 위한 노력을 할 필요는 없는 것일까?

이러한 질문들에 대한 『기타』의 대답은 '아니다'이다. 이것은 무엇인가를 성취하려고 애써도 되고, 누군가를 이기려고 욕심을 내도 되며, 과거·현재·미래에서 나를 발전시키기 위하여 끊임없이 애써도 된다는 것을 뜻한다. 더 나아가 당연히 그렇게 살아야 한다고 말한다. 아르주나가 군인의 의무를 저버리려 할 때 크리슈나가 그렇게 해서는 안 된다고 했던 것은 바로 이 점을 의미한다.

우리에게 있는 것은 허상인 현재의 삶, 그것뿐이다. 그것이 없다면 진상인 삶도 없으며 진상에 도달하는 것도 오로지 허상을 통해서이다. 허상이 없다면 진상도 없는 것이므로 허상인 삶 그 자체는 매우 중요하며 그것을 어떻게 사는지가 중요한 것이다. 즉, 『기타』는 허상인 실제의 삶이 무가치하여 그것을 떠나 다른 방법으로 진상에 도달할 수 있다고 말하는 것이 아니라, 진상에 도달하는 방법은 오로지 허상인 삶을 통해서만 가능하다고 말하고 있다.

『기타』에서 크리슈나는 허상인 삶 속에서 허상과 싸워 진상에 도달하는 실천 방법을 **카르마 요가**karma Yoga, **즈나나 요가**Jnana Yoga, **박티 요가**Bhakti Yoga라는 세 가지 개념으로 설명한다. 흔히 이 세 가지는 행위의 요가, 지혜의 요가, 헌신의 요가로 각각 번역된다. [1]

크리슈나는 주어진 삶을 가치 있게 생각하며 열심히 살아야 한다고 말한다. 다만, 여기에서 무엇보다 강조되어야 할 것은 어떤 경우에도 그 결과에 대해서는 생각하지 말고 행해야 한다는 점이다. 즉, **행위를 하되 행위의 결과에 대한 집착을 버리고 행하라**는 것인데 이것이 곧 **카르마 요가(행위의 요가)**의 의미이다. 다음의 『기타』 구절은 이 점에 대하여 설명하고 있다.

> 내가 예전부터 말했듯이
> 영혼의 순수함에 이르는 길은 두 가지가 있다.
> 영적인 지혜를 추구하는 즈나나 요가와
> 이기적인 욕망이 없는 행위를 추구하는 카르마 요가가 그것이다.

---

1 '요가'는 현대인에게도 매우 익숙한 말이다. 그것은 명상 수행에서부터 신체 수련, 심지어 다이어트 비법에 이르기까지 다양한 것을 지칭한다. 이와 관련하여 『기타』에서 말하는 요가는 현대인에게 익숙한 요가의 개념과는 다른 것인지, 아니면 다양한 개념 중 어느 하나를 의미하는지 등의 의문이 생길 수 있다. 이 점에 대해서는 48페이지에서 간략하게 다루고자 한다.

단순히 행위를 포기한다고 해서 영적인 자유를 얻는 것이 아니다.
행위를 포기하고서는 그 누구도 완전함에 이르지 못한다.

단 한 순간이라도 아무런 행위를 하지 않고
있을 수 있는 사람은 없다.
누구나 자신의 본성, 즉 타고난 기운에 따라
끊임없이 행위하도록 되어 있기 때문이다.

마음은 끊임없이 감각의 대상을 좇으면서도
겉으로는 아무런 행위를 하지 않는 사람은
스스로 자신을 속이는 사람이다.

그러나 마음으로 모든 감각기관을 통제하면서
감각기관의 활동을 이기적인 욕망이 없는 행위에 쓰는 사람은
진실로 뛰어난 사람이다.

그러므로 아르주나여,
그대의 의무를 수행하도록 하라.
행위를 하는 것이 아무것도 하지 않는 것보다 훨씬 낫다.
아무것도 하지 않으면
그대는 그대의 육신조차 지탱하기 어려울 것이다. 〈3:3~8〉

모든 일을 열심히 하되 그 결과에 대한 집착을 버려야 한다는 것

은 말처럼 쉬운 일이 아니다. 예컨대, 좋은 대학에 들어가려고 열심히 공부하는 수험생이 시험을 잘 보고 싶은 욕심이나 실패에 대한 걱정 없이 오직 공부만 열심히 하는 것은 불가능한 일이다. 그럼에도 불구하고 크리슈나는 평소에 끊임없는 노력과 연습을 통해서 그렇게 되도록 해야 한다고 말한다.

크리슈나는 위의 카르마 요가 이외에 다음과 같은 구절에서 즈나나 요가와 박티 요가를 언급한다.

> 어리석은 사람은 지혜의 길과 행위의 길이 다르다고 생각한다.
> 하지만 지혜로운 사람은 이 둘을 동일한 것으로 본다.
> 어느 한 길을 통해서든 목표에 도달한 사람은
> 다른 길을 통해도 똑같은 경지에 이르기 때문이다.
>
> 지혜의 길이 목표로 하는 것과
> 행위의 길이 목표로 하는 것은 같다.
> 이 둘을 하나로 보는 자가 참으로 보는 자이다.
>
> 행위의 길을 따르지 않고
> 완전한 포기를 성취하기는 대단히 어렵다.
> 지혜로운 사람은 결과를 기대하지 않는 행위의 길을 통해
> 빠른 시간 안에 브라흐만에 도달한다. 〈5:4~6〉

순수한 믿음으로 마음을 나에게 집중하고
흔들리지 않는 헌신의 길을 가는 것이
가장 완벽한 요가의 길이다.

그러나 감각기관과 마음을 제어하면서
이름도 없고 모양도 없으며 생각할 수도 없고 느낄 수도 없는
초월적인 실재를 찾으며 모든 존재의 행복을 추구하는
즈나나 요가 수행자들 역시 나에게 이른다.

하지만 물질적인 육체를 가지고 있는 사람으로서
즈나나 요가를 통하여 눈에 보이지 않는 진리를 찾는 것은
매우 어렵고 느리다.

그러나 나만을 목표로 삼고
모든 행위를 나에게 바치는 제물로 여기는 사람
한마음으로 나를 명상하며 나에게 헌신하는 사람은
태어남과 죽음이 반복되는 윤회의 바다를 쉽게 건널 수 있다.

그러므로 아르주나여,
그대의 마음과 생각을 다 하여 나에게 몰두하라.
그러면 그대는 영원토록
나와 하나인 상태에 머물 것이다.

〈12:2~8〉

카르마 요가, 즈나나 요가, 박티 요가와 관련된 위의 여러 구절을 통해서 볼 때, **즈나나 요가(지혜의 요가)**는 초월적인 실재에 정신적으로 직접 도달하고자 하는 방법으로서 일상생활 속에서는 자신의 마음이나 인식에 홀연히 일어나는 모든 상념, 구별, 차별 등은 절대적인 것이 아니라고 믿고, 어떤 상황에서도 **그 이면에 내재한 실재를 보고자 노력하는 것**을 의미한다. 물질적인 육체를 가지고 있는 사람이 눈에 보이지 않는 진리를 찾는 것은 매우 어렵고 느린〈12:5〉 방법이라면, 카르마 요가는 일상적인 삶 속에서 누구나 실천할 수 있는 방법이라고 할 수 있다. 그러나 즈나나 요가도 일상적인 삶 속에서 온갖 잡다한 생각들, 잡념들을 의도적으로 멈추고 자신의 인식 속에 나타나는 온갖 구별과 차별들을 재고하고 그것과는 다른 대안의 가능성에 대하여 열린 마음을 가지려는 노력을 통하여 실천될 수 있다고 말한다.

그렇다면 **박티 요가(헌신의 요가)**는 어떤 방법인가? 내가 사는 지금의 삶, 시시각각으로 펼쳐지는 삶의 장면들은 허상이며 진상이 아니라는 것을 **굳게 믿으면서 그러한 믿음에 헌신하며 사는 것**이다. 그것은 '순수한 믿음으로 마음을 나(실재)에게 집중하고 흔들리지 않는 헌신의 길을 가는 것〈12:2〉'을 의미한다. '실재에 대한 믿음을 가지고 헌신한다'는 것은 무엇을 의미하는 걸까? 이것은 실재에 도달하고자 하는 노력이 어떤 특정 시기, 특정 장소에서 일회적으로,

혹은 간헐적으로 이루어져서는 안 되고 전 생애를 통하여 흔들림 없이, 끊임없이 이루어져야 한다는 것을 의미한다. 즉, 그러한 노력 자체가 삶이 되도록 해야 한다는 것이며, 이것이 가능하기 위해서는 현재 주어진 삶과 세상은 모두 허상이고 진상은 따로 있다는 믿음이 있어야 한다. 하지만 이러한 믿음을 가지고 언제나 그 믿음을 유지하는 것은 결코 쉬운 일이 아니다. 재산도 많고 편안한 삶을 사는 사람이 그러한 자신의 삶이 진짜가 아니고 진짜는 따로 있다고 생각하는 것이 과연 가능한 것인가? 그 반대로 돈, 명예, 건강 등 모든 것이 열악한 환경 속에 처한 사람이 그러한 자신의 삶은 진짜가 아니라는 믿음을 가진다는 것도 그렇게 쉬운 일이 아니다. 그는 그러한 믿음을 가지는 것에 대하여 냉소적인 태도를 보일 가능성이 더 크다.

이처럼 현재 우리가 보고, 느끼고, 만지고, 만들어나가는 세상 자체가 허상이라고 믿는 것은 매우 어려운 일이다. 흔히 종교에서 말하듯이 그 진짜 세상은 현세가 아니고 우리가 죽어서 갈 천국이라고 말한다면 그것을 믿는 것은 상대적으로 쉬울 수 있다. 그러나 현재 지금 여기의 현상적 삶이 가짜이고 그 이면에 실재적 삶이 존재하며 그것에 도달하기 위하여 끊임없이 노력해야 하고, 이러한 노력이 전 생애를 통하여 이루어져야 한다면 이것을 믿고 그대로 따라 할 사람은 그렇게 많지 않을 것이다. 아마도 가끔, 한두 번, 잠깐은 그렇게 생각할 수 있을 것이다. 그러나 살면서 한 순간도 이러한 사실을 잊지 않고 실천한다는 것은 현실적으로 매우 어려운 일이다. 크리슈나가 '마음을 나(실재)에게 집중하고 흔들리지 않는 헌신의 길(박티 요가)을 가는 것이 가장 완벽한 요가의 길〈12:2〉'이라고 하는 것은 바로 이 점 때문이다.

카르마 요가, 즈나나 요가, 박티 요가를 통해 『기타』가 말하고자 하는 것은 실재에 도달하기 위해 노력해야 할 특별한 시기, 특별한 방법이 있는 것이 아니고 시작도 끝도 없이 삶 그 자체가 그것을 깨달아가는 수행의 과정이 되도록 해야 한다는 것이다. 즉, 일상적 삶 속에서 자신에게 주어진 의무에 최선을 다하면서 살되, 결과에 대해서는 마음을 쓰지 않으려고 노력하고, 홀연히 일어나는 모든 상념, 구별, 차별 등은 절대적인 것이 아니라 자신의 마음이 지어낸 허상에 불과하므로 그 자체를 중요하게 여기지 말아야 한다. 더불어 내가 사는 삶의 장면들은 허상이며 진상이 아니라는 것을 굳게 믿으면서 그러한 믿음에 헌신하며 살아야 한다.

전쟁을 축복으로 만드는 노력

인간은 자신에게 주어진 결정된 모든 조건 속에서 요가를 얼마나 진정성 있게 실천하며 살아가느냐에 따라 자유를 쟁취할 수 있다. 여기에서 자유를 쟁취한다는 것은 전쟁이 끝난 휴전이나 종전을 의미하는 것이 아니다. 전쟁은 절대 끝나지 않으며 끝날 수도 없다. 자유란, 전쟁에 대한 태도의 변화를 의미한다. 『기타』의 가르침대로 살아갈 때 전쟁에 휘둘리지 않고 살아갈 수 있을 뿐이다. 삶의 전쟁은 영원히 끝나지 않으며 끝나기를 바라서도 안 된다. 즉, 전쟁에 대한 태도 변화를 통해서 획득한 자유는 전쟁에서 벗어난 자유가 아니라 '전쟁의 끝은 없다'는 사실에 대한 처절한 깨달음에서 오는 '자유'라고 말할 수 있다. 이러한 자유를 쟁취한 사람의 모습을 『기타』는 다음과 같이 말하고 있다.

> 아무도 미워하지 않고
> 누구에게나 친절하고 자비로운 사람,
> 나 또는 나의 것이라는 생각이 없으며
> 고통과 기쁨에 마음이 동요되지 않고
> 모든 것을 평등하게 바라보는 사람,
>
> 어떤 상황에나 만족하며
> 자신을 제어하고 굳은 믿음을 가진 사람,
> 마음과 생각 전체를 기울여 나에게 몰두하는 사람,
> 나는 이런 사람을 사랑하며
> 이런 사람이 나의 가장 가까운 친구이다.
>
> 이런 사람은 세상을 혼란스럽게 하지 않으며

세상 또한 이런 사람을 흔들지 못한다.
기쁨, 경쟁심, 두려움, 열망에서 멀리 벗어난 사람,
이런 사람은 나에게 사랑스러운 존재이다.

무슨 일을 하든지 결과에 집착하지 않고 행하는 순수한 사람,
무슨 일을 하든지 일에 얽매이지 않고
욕망에서 벗어나 행하는 사람을 나는 사랑한다.
이런 사람이 나에게 헌신하는 자이며
나는 이런 사람을 사랑한다.

기뻐하지도 미워하지도 않으며,
슬퍼하지도 무엇인가를 원하지도 않으며
좋고 나쁨을 떠나 마음이 오직 나에게만 향하는 사람,
이런 사람을 나는 사랑한다.

원수와 친구, 존경과 멸시를 하나로 보며
추위와 더위, 즐거움과 괴로움을
동일하게 여기는 사람을 나는 사랑한다.

비난과 칭찬을 동일하게 여기며 침묵하며
어떤 상황에도 만족하는 사람,
거주처에 대한 집착 없이 마음이 확고부동한 사람,
나는 언제 어디서나 나만을 바라보는 이런 사람을 사랑한다.

그러나 누구보다도 지금까지 말한
이 영원한 진리에 마음을 모으고
나를 삶의 목표로 삼고 온전한 믿음으로 따르는 사람은
나에게 가장 사랑스러운 존재이다. 〈12:13~20〉

위의 구절은 고통스러운 삶에서 그 고통으로부터 벗어나고자 하
는 사람들에게 전혀 위안이 되지 않을 것이다. 삶이 고통스러워 어
떻게 하면 이 고통에서 벗어날 수 있는지를 묻고 있는데, '고통스러
운 삶을 벗어나는 방법은 오로지 고통스러운 삶을 견디는 것뿐이며,
견디더라도 어떤 보상을 바라서는 안 된다'고 대답하고 있기 때문
이다.

하지만 『기타』는 삶을 살아가면서 당면하게 되는 어려움이나 고
통을 견디되 어떻게 견디면 다른 삶이 열리는지 그 방법을 제시해
주고 있다. 삶에서 일어나는 모든 것들은 설사 그것이 미치도록 벗
어나고 싶은 고통일지라도 버릴 것이 없으며, 그 모든 것이 진상으
로 가는 길을 열어주는 계기가 된다는 것, 고통스러운 삶은 벗어날
수 없고 죽을 때까지 견뎌야만 하는데 그것을 어떻게 견디느냐에 따
라 각자의 삶이 달라질 수 있음을 강조하고 있다.

어떤 행위를 하더라도 행위의 결과에 대한 집착을 버리고 행하
며, 자신의 마음이나 인식에 일어나는 모든 것들은 자신의 마음이

지어낸 것에 불과하므로 그 자체로 중요하지 않다는 것을 명심하자. 내가 사는 지금의 삶은 허상이며 진상이 아니라는 것을 믿고 살아가는 연습을 해야 한다는 것이 『기타』의 메시지다. 그리고 이것의 가치는 오직 삶 속에서의 실천을 통해서만 체험될 수 있다. 한번 체험으로 끝나는 것이 아니라 살아가는 동안 끊임없이 체험하도록 노력해야 한다. 노력의 과정이 곧 삶의 과정이어야 하며 노력을 하되 무엇인가를 바라서는 안 되고 그저 '노력할 뿐'이어야 한다. ॐ

우리. 삶이. 요가가. 된다면 🌸

『기타』에서 요가는 정신적 각성의 최고의 경지를 가리키기도 하고 그것에 도달하기 위한 방법적 원리, 더 나아가 다양한 명상이나 신체적 수련 등 구체적인 방법을 가리키기도 한다. 하지만 현대 사회로 오면서 요가는 『기타』에서 말하는 요가와는 근본적으로 다른 의미로 변질하였다.

현대 사회에서도 『기타』에 제시된 것과 같은 의미와 수준에서 요가 수행을 추구하는 사람들도 있겠지만, 현대인 대부분에게 요가는 다이어트나 신체 건강을 위한 스포츠의 하나, 혹은 정신적인 안정을 찾기 위한 정신요양법으로 이해된다. 이때 정신적인 안정은 실제 생활에서 겪게 되는 정신적인 스트레스를 잘 극복하여 생활에 지장을 받지 않는 정도의 것을 의미한다. 물론 이러한 정신적 안정이 『기타』에서 말하는 요가의 상태와 완전히 다른 것이라고 말할 수는 없다. 다만, 『기타』에서 말하는 정신적 안정 상태는 경험적 세계를 초월한 궁극적 상태를 가정하고 그것과의 관련 하에서 언급되는 것이라면, 현대사회에서의 정신적 안정 상태는 경험적 세계 내에서 실제적인 삶과의 관련 하에서만 언급된다는 점에서 차이가 있다. 사실상 이러한 의미의 변화는 자연현상뿐만 아니라 인간 삶의 많은 부분에 대하여 객관적이고 과학적인 설명을 요구하는 현대사회로 이행하는 과정에서 나타난 불가피한 현상이다. 🕉

기타의 이해를 위한 안내

『바가바드 기타』의
내용 구성

『기타』는 총 18장으로 구성되어 있으며, 1장은 전체적인 배경에 대한 설명이, 2장에는 『기타』전체를 통하여 말하고자 하는 내용이 압축적으로 제시되어 있다. 3장부터는 2장에 압축적으로 제시된 메시지의 세부 내용 하나하나에 대하여, 아르주나가 질문하면 크리슈나가 대답하는 식으로 구성되어 있다. 아르주나는 『기타』를 읽는 독자들이 의문을 가질 만한 부분에 대하여 계속 질문을 하고, 크리슈나는 그것에 대하여 대답을 하므로 독자들은 이러한 아르주나와 크리슈나의 대화를 읽는 동안 자연스럽게 『기타』의 전체 메시지를 이해할 수 있게 된다. 물론 한번 읽는 것만으로 『기타』의 전체 메시지를 이해할 수 있다는 뜻은 아니다. 반복하여 읽으면서 읽을 때마다 이해되는 부분들을 퍼즐 맞추듯 끊임없이 맞춰가는 과정을 통해야 전체를 이해할 수 있다.

3장에서부터 7장까지는 2장의 내용이 반복적으로 제시된다. 크리슈나의 설명에 대하여 아르주나가 중간중간 질문을 하기도 하지만 기본적으로 크리슈나에 의한 일방적인 설명으로 구성되어 있다. 브라흐만, 아트만, 프라크리티, 구나, 즈나나 요가, 카르마 요가 등 다양한 개념들에 대하여 간단한 설명이 반복적으로 제시된다. 실재에 대한 깨달음을 얻은 상태가 어떤 상태인지 곳곳에 반복적으로 제시된다.

이러한 크리슈나의 설명에 대하여 아르주나의 본격적인 질문이 시작되는 것은 8장부터다. 3장부터 7장까지는 2장에 제시된 전체적인 메시지를 반복적으로 설명한다면, 8장부터는 이러한 설명에 대한 아르주나의 질문을 통해 2장에 제시된 내용을 보다 심층적으로 이해할 수 있도록 한다.

9장에 제시되는 내용은 앞의 2장에서 8장까지 제시된 내용과 폭과 깊이에 있어서 크게 다르지 않지만, 어조가 고양되어 있으며, 이러한 경향이 10장까지 지속되다가 11장에 이르러서는 아르주나의 깨달음에 대한 고백이 시작된다.

12장에서는 박티 요가(헌신의 요가)의 중요성에 대하여 설명한다. 아르주나가 어느 정도 깨달음의 경지에 올랐지만, 한 번 깨달으면 그것으로 끝이 아니라 흔들리지 않는 믿음을 바탕으로 한 지속적인 헌신과 노력이 필요하다는 사실을 강조한다.

13장과 14장은 프라크리티와 푸루샤, 구나 등 형이상학적 개념에 대한 쉬운 설명이 제시되며, 15장부터 18장에 걸쳐서는 그 이전까지 이루어졌던 모든 설명이 다양한 예시를 통하여 반복적이고 율동적으로 제시된다.

이처럼 『기타』는 18장으로 구성되어 있지만, 내용 구성상 1장, 2장, 3장~7장, 8장~11장, 12장, 13장~14장, 15장~18장 등 일곱 부분으로 구분하여 이해될 수 있다. 본 책에서는 독자들의 이해를 돕기 위하여 전쟁의 비유를 중심으로 각 부와 장에 제목을 달았다. 물론, 각 부와 장의 모든 내용이 이러한 제목으로 포괄되지는 않는다. 왜냐하면, 앞에서 말한 바와 같이 『기타』는 같은 내용이 곳곳에서 반복적으로 제시되는 구조로 되어 있기 때문이다. ॐ

『바가바드 기타』를
처음 읽는 독자들을 위한 Tip

이해되지 않는 곳은 과감히 건너뛰기

『기타』를 처음 읽으면서 이해에 어려움을 겪는 가장 큰 이유는 생소한 인도철학의 형이상학적 개념들이 곳곳에서 언급된다는 데에 있다. 처음에는 이러한 형이상학적 개념들이 언급되는 부분들은 건너뛰면서 읽어도 된다. 각 부와 장의 제목에 초점을 맞추어 읽다가 어느 정도 익숙해진 이후에는 형이상학적 개념들이 언급되는 부분까지 함께 읽어나가는 것이 좋다.

나만의 제목을 붙여보기

각 장의 제목은 해설자의 관점에서 내용 중 초점을 두고 읽었을 때 도움이 될 만한 부분을 중심으로 붙여진 것이다. 따라서『기타』의 내용을 어느 정도 이해한 후에는 자신이 이해한 바대로 제목을 다르게 수정해보는 것도 좋은 시도이다.

자주 반복적으로 읽기

『기타』에는 주된 메시지가 전체에 걸쳐 반복적으로 제시되기 때문에 어느 부분을 선택해서 읽어도 뜻이 통한다. 읽다가 마음이 가는 부분을 선택해서 그 부분을 자주 반복적으로 읽는 것도 좋은 방법이다. 특히, 전체적인 메시지를 한꺼번에 빨리 파악하고 싶을 때는 2장을 반복해서 읽으면 좋다. 2장에 익숙해지면 전체를 파악하는 것이 다소 수월해진다.

생각을 전환하기

『기타』의 구절들을 읽다가 논리적으로 모순되는 부분이 발견되더라도 그 모순을 해결하려고 하지 말고 과감하게 건너뛰어 가며 읽는 것이 좋다. 이런 식으로 한참을 읽다 보면 처음에는 모순으로 느껴졌던 것이 모순이 아니라는 느낌이 들게 되는 경우도 있다.

조급하고 과장된 마음을 버리기

『기타』를 처음 읽을 때는 『기타』의 내용을 빨리 파악하고 싶은 조급한 마음이 들거나 큰 깨달음을 얻고 싶은 과장된 마음을 가지기 쉽다. 이러한 조급하고 과장된 마음은 『기타』를 읽는 동안 늘 경계해야 하며 의식적으로 그것을 제어하려고 노력해야 한다.

그냥 믿어보기

『기타』에는 보통의 인식으로는 믿기 어려운 내용이 많다. 그러한 내용을 억지로 믿을 필요는 없고 자연스럽게 놔두는 것이 좋으나 가끔은 억지로 믿어보는 것도 좋다. 마치 믿고 있는 척 생각하다 보면 새로운 이해나 색다른 경험이 찾아올 수도 있기 때문이다. ॐ

『바가바드 기타』의
원문 및 해설

1부
왜 전쟁을 해야 하는가?

삶의 전쟁에 직면한 아르주나

1장의 내용

주인공 아르주나는 혈육 간의 전쟁에 참여하는 것에 대해 번민하며 그의 전차 몰이꾼이면서 영적 스승인 크리슈나에게 자신이 어떻게 해야 하는지 가르쳐 달라고 조언을 구한다. 전쟁에 임하면, 친족을 살해하는 죄를 범하게 되고 전쟁에 임하지 않으면, 군인으로서의 자신의 의무를 저버리는 죄를 범하게 되는 진퇴양난의 순간에 아르주나는 극심한 고뇌에 빠진다. 아르주나는 크리슈나에게 자신이 어떻게 해야 하는지 가르쳐달라고 간절히 부탁한다.

생활 속의 『기타』 메시지

인간의 삶은 시작도 끝도 없는 전쟁이다.

거기에는 어떠한 이유도 없다.

순조로운 이해를 위한 Tip

1장 앞부분에는 익숙하지 않은 산스크리트어로 된 사람 이름이나
악기 이름 등이 많이 나오기 때문에 처음에는 이러한 부분은 생략하고
아르주나와 크리슈나의 대화가 본격적으로 시작되는
21구절부터 읽기 시작하는 것도 좋은 방법이다.

1장. 전쟁을
피하고 싶은 마음

| 드리타라슈트라 |

산자야여,
내 아들들과 판두의 아들들이
정의와 진리의 벌판인 쿠루 벌판에서
서로 싸우려고 모였다는데 어찌 되어가고 있느냐? 1

| 산자야 |

두료다나왕은
판두 아들들의 군대가 정렬되어 있는 것을 보고
스승 드로나에게 다가가 말하였습니다. 2

"선생님, 저 판두의 아들들의 거대한 군대를 보십시오.

그들은 드루파다의 아들, 즉 당신의 지혜로운 제자인
유디쉬티라의 지휘 하에 정렬해 있습니다. 3

저 쪽에는 비마나 아르주나에 뒤지지 않는
전쟁 영웅이며 위대한 궁수인 유유다나와 비라타
그리고 위대한 장수 드루파다가 있습니다. 4

그리고 드르슈타케투, 체키타나,
그리고 용맹스러운 카쉬족의 왕 푸르지트, 쿤티보자,
그리고 사람 중의 으뜸인 시바족의 왕, 5

용감한 유다마뉴, 용맹스러운 우타마우자,
쑤바드라의 아들과 드라우파디의 아들들도 있습니다.
그들 모두가 위대한 장수들입니다. 6

우리 편의 뛰어난 자들에 대해서도 알려드리겠습니다.
거듭 태어난 이 중의 가장 높으신 이여!
우리 군대의 지휘관들의 이름을 불러드리겠습니다. 7

당신부터 시작하여
비쉬마, 카르나, 전쟁의 승리자 크르파,
아슈밧타만, 비카르나, 그리고 쏘마타의 아들이 있으며 8

또한, 그 밖의 많은 영웅들이
저(두료다나)를 위해 목숨을 내놓았습니다.
이들 모두가 각종의 무기로 무장했고 전쟁에 능숙합니다. 9

비쉬마가 지휘하는 우리의 병력은
저들을 당해내기 충분합니다.
그러나 비마가 지휘하는 저들의 병력은
우리의 병력에 비할 바 못 됩니다. 10

그러므로 그대들이여!
너희는 모두 정해진 위치대로 굳게 서서
오직 비쉬마를 수호할지어다." 11

그(두료다나)의 용기를 북돋우면서
쿠루족의 우두머리인 비슈마가
사자후를 발하면서 힘차게 소라나팔을 불었습니다. 12

그러자 조개나팔과 솥 모양의 북, 작은 북, 큰 북, 트럼펫 등이
일시에 울려 굉장한 소리를 냈습니다. 13

크리슈나와 아르주나도
흰말들이 이끄는 커다란 전차 위에서
천상의 소라나팔을 불었습니다. 14

크리슈나는 판차자냐라는 나팔을,
아르주나는 데바다따라는 나팔을,
용맹스럽고 사나운 비마는
커다란 조개나팔 파운드라를 불었습니다. 15

쿤티의 아들 유디슈티라 왕은 아난타비자야를,
나쿨라와 사하데바는 쑤고샤와 마니푸슈파카를 불었습니다. 16

그리고 최고의 궁수인 카쉬족의 왕과
위대한 장수 쉬칸딘, 드르쉬타듐나와 비라타
그리고 백전백승의 싸티야키, 17

드루파다와 드라우파디의 아들들,
그리고 거대한 어깨를 지닌 쑤바드라의 아들들이
각기 사방에서 모두 제 나팔을 불었습니다.
오! 대지의 주인이시여! 18

그 요란한 소리는
하늘과 땅을 진동시키면서
병사들의 가슴을 찢어 놓았습니다. 19

싸움이 시작되자
원숭이 신 하누만이 그려진 깃발을 날리며

전차 위에 서 있던 아르주나는
활을 뽑아들고서 크리슈나를 향해
다음과 같이 말하였습니다. 20

| 아르주나 |

크리슈나여,
양편의 군대 가운데에 나의 전차를 세워주시오. 21

싸움을 하려고 정렬해 있는 이들이 어떤 이들인지,
이 전쟁에서 내가 싸워야 하는 자가 누구인지 볼 수 있도록. 22

사악한 두료다나를 위해 싸우려고 모인 사람들이 누구인지
한 번 확인해 보아야겠습니다. 23

| 산자야 |

아르주나가 이렇게 말하자
크리슈나는 양편 군대의 한가운데에
그의 찬란한 전차를 세우고 나서 24

비쉬마와 드로나 그리고 모든 왕들 앞에서
다음과 같이 말하였습니다.

"아르주나여! 저기에 모인 쿠루의 사람들을 보시오." 25

그러자 아르주나는
그곳에 서 있는 쿠루족의 아버지들과 조부들,
스승들과 아저씨들, 형제, 아들, 손자, 친구들을 보았습니다. 26

양편의 군대에 있는 장인들과 친구들도 보았습니다.
정렬해 있는 그들 모두가 친족이라는 것을 알고 나서
아르주나는 지극한 연민에 잠겨 실의에 빠진 채
다음과 같이 말하였습니다. 27

| 아르주나 |

크리슈나여!
이렇게 우리와 싸우려고 모여 있는 내 친족들을 보니 28

사지의 맥이 풀리고 입이 마르며
몸은 떨리고 머리털은 곤두섭니다. 29

손에서 활이 떨어져 나가고
살갗은 불타오르고
몸조차 지탱하기 어려우며
마음은 혼란스럽습니다. 30

불길한 예감이 듭니다.
크리슈나여!
전쟁에서 친족을 죽이고
어떻게 행복할 수 있겠습니까? 31

크리슈나여!
나는 전쟁에서의 승리도, 왕국도, 쾌락도 원하지 않습니다.
왕국이 도대체 무엇이며 즐거움이나 삶 또한 무엇입니까? 32

우리가 왕국을 원하는 것도, 쾌락을 얻으려고 하는 것도,
심지어 목숨을 부지하려는 것도 모두 그들을 위해서인데
저들은 도대체 누구를 위해서 싸우려고 하는 것입니까? 33

스승이나 아버지, 아들,
할아버지, 삼촌, 장인, 손자,
매부나 매형 등의 여러 친척들 34

비록 저들이 나를 죽인다고 해도
나는 그들을 죽일 수 없습니다.
삼계(三界)의 왕이 된다 해도 그들을 죽일 수 없을진대
한낱 땅의 지배를 위하여 그들을 죽이겠습니까? 35

크리슈나여!

큰아버지의 아들을 죽이고 어찌 우리에게 즐거움이 있겠습니까?
저들을 죽인다면 우리가 죄를 짓게 될 뿐입니다. 36

우리는 친족인 큰아버지의 아들들을 죽일 수 없습니다.
친척을 죽이고서 어떻게 행복할 수 있겠습니까? 37

비록 저들은 마음이 탐욕으로 덮여
가문을 파괴하고 친구를 배반하는 죄를 보지 못하지만, 38

가문을 파괴하는 행위가 죄임을 명백히 아는 우리까지
어떻게 그런 짓을 할 수 있겠습니까? 39

가문이 파괴되면 가문의 법도가 사라지며
가문의 법도가 사라지면 온 집안이 무법천지가 됩니다. 40

온 집안이 무법천지가 되면 여인들이 타락하고
여인들이 타락하면 계급의 혼란이 생깁니다. 41

계급의 혼란은 가문을 파괴한 자들뿐만 아니라
그 가문의 사람들 모두를 지옥으로 떨어뜨릴 뿐입니다.
쌀과 공물을 드리는 제사가 끊김으로써
조상들은 지위를 상실합니다. 42

가문을 파괴하는 자들은
계급의 혼란을 야기하는 이와 같은 과오를 저질러
출생의 법도와 가문의 영원한 법도를 무너뜨립니다. 43

가문의 법도를 파괴한 사람들은
반드시 지옥에 머물게 된다고 합니다. 44

아아!
우리는 왕권의 쾌락을 탐하여 친족을 죽이려 하고 있습니다.
이것은 엄청난 죄악입니다. 45

차라리 이 싸움에서 내가
아무런 무장도, 아무런 저항도 없이
큰아버지의 아들들에 의하여 죽임을 당한다면
그것이 나에게 더 행복한 일일 것입니다. 46

| 산자야 |
아르주나는 슬픔에 사로잡혀 이렇게 말한 후
활과 화살을 던져 버리고 전차에 털썩 주저앉았습니다. 47

2부
전쟁을 어떻게 받아들여야 하는가?

어떻게 살아야 하는지에 대한 크리슈나의 대답

2장의 내용

크리슈나는 전쟁에 참여하는 것과 참여하지 않는 것 사이에서 번민하는 아르주나에게 '나가서 싸우라!'는 해결책을 제시한다. 삶(전쟁)이 고통스러워 더는 삶을 살고 싶지 않다(전쟁에 참여하고 싶지 않다)고 울부짖는 아르주나에게, 슬퍼하거나 고민할 필요가 없는 것에 대해서 번민하며 전쟁에 나가서 싸우지 않겠다고 하는 것은 잘못된 것이라고 말한다.

생활 속의 『기타』 메시지

인간은 누구나 모든 것이 결정된 이 세상에서
자신의 의지와는 아무런 상관없이 태어나 전쟁을 치르듯 살아가고 있다.
아무리 삶이 힘들고 고통스러워도 삶을 피하려고 하지 말고
삶 속에서 주어진 의무를 열심히 수행하되
행위의 결과에 대한 집착을 버리면서
삶의 허상이 아닌 진상을 볼 수 있는 지혜를 가지도록 노력해야 한다.

순조로운 이해를 위한 Tip

2장은 전체적인 메시지를 한꺼번에 빨리 파악하고 싶을 때
반복해서 읽으면 도움이 된다.
다음과 같은 구절부터 음미해보는 것도 좋은 방법이다.

- 삶의 변화를 어떻게 받아들여야 하는가? 2:13~15, 26~27
- 삶의 고통에서 벗어나기 위하여 무엇을 실천해야 하는가? 2:38, 48
- 감각은 우리에게 어떤 일을 하는가? 2:60~66
- 우리가 지향해야 하는 것은 무엇인가? 2:56~58, 69~71

2장. 전쟁에 직면하여 싸워라

| 산자야 |

이렇듯 연민에 사로잡혀
눈에 눈물이 가득하여 고민하며 낙담하고 있는
아르주나에게 크리슈나는 다음과 같이 말하였습니다. 1

| 크리슈나 |

아르주나여,
이런 급박한 상황에서 어찌 그렇게 나약하게 낙담을 한단 말인가?
이는 귀족답지 못하고 수치스러운 일이다. 2

아르주나여,
나약한 마음을 가지지 말라.

이것은 그대에게 어울리지 않는다.
나약한 마음을 버리고 일어나시오. 3

| 아르주나 |

크리슈나여,
제가 어떻게 존경스러운 비슈마와 드로나
두 어른을 상대로 싸울 수 있겠습니까? 4

그 훌륭한 어른들을 죽이느니
차라리 평생을 거지처럼 빌어먹는 편이 낫겠습니다. 5

우리가 저들을 이기는 것이 나은지
아니면 저들이 우리를 이기는 것이 나은지 저는 모릅니다.
사촌 형제들이 지금 우리와 싸우려고 하고 있지만
저들을 죽이고 나면 우리도 살고 싶은 마음이 없어질 것입니다. 6

정말 혼란스러워 어찌할 바를 모르겠습니다.
지금 이 상황에서 어떻게 하는 것이 좋은 것입니까?
당신을 스승으로 모시고자 하니 제발 가르쳐 주십시오. 7

이 세상에서 어느 것에 비길 수 없는
부요한 왕국과 천신의 권력을 얻을지라도

제 오감을 다 말려버리고 말 이 고뇌를
제거할 수는 없을 것입니다. 8

| 산자야 |

위대한 전사 아르주나는
크리슈나에게 이렇게 말한 후
"크리슈나여, 나는 싸우지 않겠습니다"라고 말하고
입을 다물었습니다. 9

그러나 크리슈나는 양 진영 한가운데서
그와 같이 낙담하고 있는 아르주나를 보고
웃으면서 다음과 같이 말하였습니다. 10

| 크리슈나 |

그대의 말은 그럴듯하다.
하지만 그대는 슬퍼할 이유가 없는 것에 대해 슬퍼하고 있다.
지혜로운 사람은 산 자를 위해서도,
죽은 자를 위해서도 슬퍼하지 않는다. 11

그대와 나와 여기 모여 있는 왕들은
항상 존재하고 있었으며

앞으로도 영원히 존재할 것이다. 12

인간의 육신은
유년기, 장년기, 노년기의 몸을 차례로 거쳐 가듯이
죽은 다음에는 죽은 다음의 몸을 입는다.
지혜로운 사람은 이런 변화에 미혹되지 않는다. 13

사람은 감각기관과 감각대상의 접촉에 의해
차가움과 뜨거움, 즐거움과 괴로움을 경험한다.
그러나 이런 경험은 흘러가는 것이다.
일시적으로 왔다가 가는 것들이니 참고 견뎌라. 14

이런 변화가 일어나도 동요하지 않고
즐거움과 괴로움을 동일한 것으로 여기는 사람이
진정으로 지혜로운 사람이며
영원한 생명을 얻기에 합당한 사람이다. 15

존재하지 않는 것으로부터 존재하는 것이 생겨날 수 없고
존재하는 것으로부터 존재하지 않는 것이 생겨날 수 없다.
이 사실을 깨달은 사람은 궁극적인 진리를 깨달은 것이다. 16

우주 만물 속에 충만하게 깃들여 있으며
결코 없어지지 않는 실재를 깨닫도록 하여라.

이 영원한 실재는 어떤 힘으로도 없애 버릴 수가 없다. 17

육체는 사라져 없어지지만
육체 속에 거하는 실재는 영원히 죽지 않는다.
그러니 아르주나여, 아무 염려 말고 나가서 싸워라. 18

자기가 누군가를 죽인다고 생각하는 사람이나
누군가가 자기를 죽인다고 생각하는 사람은
둘 다 무지한 사람이다. 19

죽는 것도 죽임을 당하는 것도 없기 때문이다.
너는 태어난 적도 없으며 죽지도 않는다.
너는 결코 변하지 않는다.
태어나지도 않고 변하지도 않으며
태고부터 존재한 영원한 그것은
육체가 죽는다고 해도 죽지 않는다. 20

자기가 태어나지도 않고 변하지도 않으며
죽지도 않는 영원한 존재임을 깨달은 사람이
어떻게 다른 사람을 죽이거나 죽일 수 있다고 생각하겠는가? 21

낡은 옷을 벗어버리고 새 옷으로 갈아입듯이
육체 속에 있는 참자아는

육신이 낡으면 낡은 몸을 벗어버리고 새 몸으로 갈아입는다. 22

참자아는 칼로 벨 수 없고 불에도 타지 않으며
물에도 젖지 않고 바람으로 말릴 수도 없다. 23

참자아는 벨 수도 없고 태울 수도 없으며
젖게 하거나 마르게 할 수도 없다.
참자아는 영원하고 무한하며 움직이지 않고 영속한다. 24

참자아는 겉으로 드러나 있지 않으며
헤아릴 수도 없으며 변하지도 않는다.
그대는 이런 사실을 깨닫고 슬픔에서 벗어나도록 해라. 25

아르주나여,
사람이 태어남과 죽음에 종속된 존재일지라도
그것으로 인하여 슬퍼해서는 안 된다. 26

왜냐하면 태어나면 반드시 죽고
죽으면 다시 태어나기 때문이다.
태어나고 죽는 것은 피할 수 없는 일인데
죽음 때문에 슬퍼할 필요가 있겠는가? 27

만물은 눈에 보이지 않는 데서 시작하여

눈에 보이는 현상 세계에 나타난다.
그러다가 마지막에는 다시 눈에 보이지 않는 세계로 돌아간다.
여기에 뭐 슬퍼할 것이 있는가? 28

참자아의 찬란함을 보는 사람은 드물다.
그것을 설명하는 사람도 드물다.
또 설명을 해도 듣는 사람이 드물며
들었다고 할지라도 대부분 이해하지 못한다. 29

아르주나여,
모든 존재의 육체 속에 거하는 참자아는 영원하다.
결코 죽일 수 없다. 그러니 슬퍼하지 말아라. 30

그대의 의무를 생각하고 흔들리지 않도록 하라.
크샤트리아에게는 정의를 위해 싸우는 것보다
더 좋은 길이 없다. 31

아르주나여,
크샤트리아는 정의를 위한 전쟁에 참여하게 된 것을
기뻐해야 한다.
이런 전쟁에서 자신의 의무를 다함으로써
하늘나라에 들어갈 기회를 가지기 때문이다. 32

그대가 정의를 위한 이러한 전쟁에 참여하지 않는다면
그것은 죄를 짓는 것이고 의무를 저버리는 것이며
그대의 명예를 더럽히는 것이다. 33

그러면 사람들은 그대의 수치스러운 행동에 대하여
계속 이야기할 것이다.
존경받아야 할 사람이 명예스럽지 못한 행동을 하는 것은
죽는 것보다 못한 것이다. 34

장수들은 그대가 겁이 나서 도망쳤다고 생각할 것이며
그대를 존경하던 자들도 그대를 경멸할 것이다. 35

그리고 그대의 적들은 도저히 입에 담을 수 없는 말로
그대를 조롱할 것이다.
이보다 더 고통스러운 일이 어디 있겠는가? 36

그대가 전쟁에서 죽는다면 하늘나라에 이를 것이요
승리한다면 이 땅에서 즐거움을 누릴 것이다.
그러므로 아르주나여,
싸우겠다는 확고한 결단을 하고 일어서라. 37

즐거움과 고통, 이익과 손해, 승리와 패배를 동일한 것으로 보고
이 위대한 전투에 뛰어들어라.

그러면 그대는 악에서 벗어날 것이다. 38

아르주나여,
지금까지 말한 것은 진리에 대한 이론적 설명이다.
이제 이 이론을 실천하는 것,
즉 요가의 원리에 관하여 말하겠다.
이 실천을 통하여
그대는 행위의 속박에서 벗어날 수 있을 것이다. 39

요가의 길에서는 어떤 노력도 헛되지 않으며
어떤 잘못도 생기지 않는다.
영적인 깨달음을 위한 아주 작은 노력일지라도
그대를 두려움에서 벗어나게 해줄 것이다. 40

아르주나여,
이 길을 가는 사람은
참자아를 깨닫겠다는 오직 한 가지 목표를 향하여
흔들리지 않고 전진한다.
하지만 결단력이 없는 사람들은
끝없이 이것저것을 쫓아다닌다. 41

아르주나여,
무지한 사람들은

경전에 기록되어 있는 말을 최고로 여기고
미사여구를 동원하여 그것을 떠벌린다. 42

그러나 그들의 마음은 이기적인 욕망으로 가득 차 있으며
그들은 쾌락과 초능력을 얻기 위해
갖가지 특별한 의식을 거행한다.
하지만 그들은 욕망에 따른 행위로 인하여
끊임없이 태어나고 죽는 윤회의 바다에서 헤어 나오지 못한다. 43

감각의 쾌락과 초능력을 추구하는 사람은
지고한 목표를 향해 나아갈 수 없으며
궁극적인 깨달음의 경지인 삼매(三昧)에 도달하지도 못한다. 44

베다 경전들은 세 가지 구나에 대하여 설명하고 있다.
아르주나여, 그대는 이 세 구나의 활동을 초월해야 한다.
마음을 통제하여 모든 대립을 넘어가야 한다.
무엇인가를 얻고자 하는 마음이나
얻은 것을 쌓아 놓고자 하는 욕망에서 벗어나야 한다.
그리하여 진정한 그대 자신 안에 머물러야 한다. 45

홍수가 나면
저수지는 아무 의미가 없는 것과 마찬가지로
깨달은 자에게는 모든 베다가 그러하다. 46

그대의 의무는 그대가 해야 할 일을 하는 것이다.
행위의 결과는 그대가 관여할 부분이 아니다.
행위의 결과에 대한 기대를 가지고 행하는 것은 잘못된 것이다.
그렇다고 행위를 피해서도 안 된다. 47

아르주나여,
진정한 그대 자신 안에 머물면서 성공과 실패를 동등하게 여기며
이기적인 욕망에 대한 집착을 버리고 그대의 의무를 행하라.
마음의 평등, 이것이 곧 요가이다. 48

지혜의 요가로부터 멀어지면 비열한 행위가 된다.
지혜에서 구원의 길을 찾아라.
행위의 결과를 생각하며 행하는 자는 가련한 자이다. 49

지혜로써 수련된 사람은
행위를 하더라도 선행이니 악행이니 하는
대립의 구분을 떠나있다.
그러므로 요가 수행에 헌신하라.
요가는 진정한 행위의 기술이다. 50

지혜로운 사람은
끊임없는 윤회의 원인이 되는
행위의 결과에 대한 집착을 포기한다.

그리하여 그들은 모든 불행에서 벗어난다. 51

그대의 마음이 미망의 수렁을 건너면
지금까지 경전에서 들은 것과
지금 듣고 있는 모든 것은 별로 중요하지 않다. 52

경전의 현란한 말과 가르침에 마음이 흔들리지 않고
깊은 삼매에 안주할 수 있을 때
그대는 완전한 요가를 성취하게 될 것이다. 53

| 아르주나 |

오, 크리슈나여,
삼매에 안주하여 확고한 지혜를 갖춘 자의 언행은 어떻습니까?
그들은 어떻게 말하고 어떻게 앉으며 어떻게 걸어 다닙니까? 54

| 크리슈나 |

아르주나여,
그들은 모든 것 속에서 자기를 보고
자기 속에서 모든 것을 보는 지혜에 안주한다.
그들은 이기적인 욕망과 감각의 쾌락에 대한 갈망을
포기한 사람들이다. 55

고통 속에서도 마음이 흔들리지 않고
쾌락 속에서도 애착이 없는 자,
탐욕도 두려움도 분노도 다 벗어버린 자,
그를 일컬어 성자라고 한다. 56

어떤 것에도 애착을 가지지 않고
좋은 일을 만나든지 나쁜 일을 만나든지
좋아하거나 싫어하지 않는 사람
이런 사람이 확고한 지혜를 얻은 사람이다. 57

확고한 지혜를 얻은 사람은
마치 거북이가 사지를 안으로 거두어들이듯이
감각의 대상으로 향하던 자신의 감각을 거두어들인다. 58

단식하는 사람은 어떤 음식에도 마음이 흔들리지 않지만
그래도 미각 그 자체는 남는다.
그러나 지고한 참자아를 깨닫는 순간
미각 그 자체도 없어진다. 59

아르주나여,
감각의 힘은 아주 강하다.
깨달음을 위해 구도의 길을 가는 사람도
감각의 힘에 휩쓸려 버리기 쉽다. 60

모든 감각기관을 제어하면서
그 마음을 나에게 집중하는 사람은
흔들리지 않는 지혜를 얻는다. 61

감각의 대상을 생각하면 그것에 대한 집착이 생기고
집착이 생기면 욕망이 생기고
그 욕망으로부터 분노가 생긴다. 62

분노로부터 어리석음이 생기고
어리석음으로부터 기억의 혼란이
기억의 혼란으로부터 지성의 파멸이 생긴다.
지성이 파멸되면 삶은 황폐해진다. 63

감각의 세계에 살면서도 탐욕과 증오를 버린 자는
자신을 통제할 능력이 있으므로
마음의 평정을 얻는다. 64

마음이 평정되면 모든 고통은 사라지며
모든 고통이 사라지면
참자아에 대한 깨달음은 흔들림 없이 지속된다. 65

감각기관을 제어하지 못하면
지혜와 멀어지고 집중하여 명상하지 못한다.

집중하여 명상하지 못하면 평안을 얻을 수 없고
평안이 없다면 어찌 즐거움이 있을 수 있겠는가? 66

감관(感官)의 동요로 인해 굴복된 마음은
바람이 물 위의 배를 몰고 다니듯이 그의 지혜를 몰아낸다. 67

그러므로 아르주나여,
흔들림 없는 지혜로
감각의 좋아함과 싫어함에서 벗어나도록 하라. 68

감각을 통제하고 진리를 깨달은 자에게는
모든 존재에게 어두운 것이 밝은 것이며
밝은 것이 곧 어두운 것이다. 69

모든 강물이 바다로 흘러들어 가지만
바다는 넘치지 않고 고요한 것처럼
욕망을 내면의 바다로 끌어들이는 사람은 평안을 누린다.
그러나 욕망을 즐기는 사람은 그렇지 않다. 70

모든 욕망을 벗어 던지고 아무런 집착 없이 행하는 자,
나라는 생각도, 내 것이라는 생각조차 버린 자는
참된 평안에 이른다. 71

아르주나여,
이것이 브라흐만의 경지이다.
이 경지에 도달한 사람은 미혹되지 않으며
죽을지라도 브라흐만의 열반에 들어간다. 72

3부
전쟁에서 어떻게 이길 수 있는가?

어떻게 실재에 도달할 수 있는가?

3장~7장의 내용

2장에서, 크리슈나가 현상적인 삶 이면에 내재한 실재를 보는 지혜를 가지는 것이 중요하다고 한 것에 대해 3장에서 아르주나는 지혜가 중요하다면 왜 전쟁에 참여하라고 하는지, 즉 지혜가 중요하다면 행위는 멈추고 정신 수련에 집중해야 하는 것 아닌지에 대해 질문한다. 이 질문에 대하여 크리슈나는 영적인 지혜를 추구하는 즈나나 요가와 이기적인 욕망 없이 행하는 카르마 요가 모두 중요하며 한순간도 행위를 하지 않고는 살 수 없는 인간의 속성상, 행위를 하되 행위의 결과에 집착하지 않고 행위를 함으로써 실재에 도달할 수 있다고 대답한다.

4장에서 크리슈나는 실재를 깨닫는 특별한 방법이 있는 것이 아니라 살면서 행하는 모든 방법이 실재에 이르는 길이 될 수 있다고 말한다. 신들에게 제사를 드리는 행위, 이타적인 봉사활동, 고행, 경전 연구, 음식에 대한 절제, 요가 수행 등 다양한 방법들이 모두 실재에 이르는 방법이 될 수 있지만, 어떤 방법이든 언제나 제사를 드리듯이(아무런 대가를 바라지 않고, 결과에 대한 집착을 버리고) 행하는 것이 중요하다고 말한다.

5장에서 아르주나는 행위의 포기와 행위의 요가 중 어느 것이 나은 길인가를 묻고, 크리슈나는 여기에 대하여 행위의 포기보다는 행위의 요가, 즉 행위를 하되 행위의 결과에 대한 집착을 버리고 행위를 하는 것이 더 나은 길임을 강조한다.

6장에서 크리슈나는 행위의 결과에 대한 집착을 버리고 행위를 하는 것이 중요하다는 것을 다시 강조한다. 어떤 방법으로든 마음을 제어하는 것이 중요한데 이것은 바람을 재우는 것처럼 어려우므로 규칙적이고 지속적인 수행이 필요하다고 말한다.

7장에서 크리슈나는 실재에 대한 깨달음을 얻고자 하는 사람들의 유형은 다양한데 가장 완전한 깨달음을 얻는 사람은 지혜를 갖추고 실재에 대한 깨달음을 지속해서 추구하는 사람이라고 말한다. 단순히 삶의 고통에서 벗어나기 위해서, 하고 싶은 일을 이루기 위하여, 인생의 의미를 깨닫기 위해서 실재에 대한 깨달음을 추구해도 어느 정도의 깨달음을 얻을 수는 있으나, 그것은 완전한 깨달음보다는 부족하다는 것이다.

생활 속의 『기타』 메시지

삶의 전쟁에서 이기기 위해 생활 속에서
다음의 세 가지를 지속해서 실천해야 한다.
• 자신의 삶에서 주어진 의무를 충실히 수행하되
언제나 행위의 결과에 집착하지 말고 행하라.
• 선과 악, 기쁨과 슬픔, 그 어떤 것도 원하지 말고
착한 사람과 악한 사람, 자족, 친구, 적 등을 구별하지 말고 똑같이 대하라.
• 언제나 몸과 마음을 생각과 감각의 작용으로부터 제어하라.

순조로운 이해를 위한 Tip

3장~7장은 2장을 읽은 후 전체적인 메시지를 좀 더 자세하게
이해하고 싶을 때 차근차근 읽으면 좋다.
다음과 같은 구절부터 음미해보는 것도 좋다.
• 모든 행위를 결과에 대한 집착 없이 행하라 3:17~19, 4:23~32
• 이원적인 분별심에서 벗어나라 5:18~21, 6:7~9, 7:27~30
• 언제나 몸과 마음을 제어하라 5:25~28, 6:16~26, 6:33~36
• 인간은 왜 악을 행하는가? 3:36~40

3장. 언제나 결과에 집착하지 말고 행위하라

| 아르주나 |

크리슈나여,
당신 말씀처럼 지혜가 행위보다 더 중요하다면
어째서 저에게 그런 끔찍한 전쟁을 하라고 하십니까? 1

당신의 말씀은 앞뒤가 맞지 않는 것 같아서
참으로 혼란스럽습니다.
제가 가장 좋은 것을 취할 수 있도록
한 가지로 결정하여 말씀해 주십시오. 2

| 크리슈나 |

내가 예전부터 말했듯이

영혼의 순수함에 이르는 길은 두 가지가 있다.
영적인 지혜를 추구하는 즈나나 요가와
이기적인 욕망이 없는 행위를 추구하는 카르마 요가가 그것이다. 3

단순히 행위를 포기한다고 해서 영적인 자유를 얻는 것이 아니다.
행위를 포기하고서는 그 누구도 완전함에 이르지 못한다. 4

단 한 순간이라도 아무런 행위를 하지 않고
있을 수 있는 사람은 없다.
누구나 자신의 본성, 즉 타고난 기운에 따라
끊임없이 행위 하도록 되어 있기 때문이다. 5

마음은 끊임없이 감각의 대상을 좇으면서도
겉으로는 아무런 행위를 하지 않는 사람은
스스로 자신을 속이는 사람이다. 6

그러나 마음으로 모든 감각기관을 통제하면서
감각기관의 활동을 이기적인 욕망이 없는 행위에 쓰는 사람은
진실로 뛰어난 사람이다. 7

그러므로 아르주나여,
그대의 의무를 수행하도록 하라.
행위를 하는 것이 아무것도 하지 않는 것보다 훨씬 낫다.

아무것도 하지 않으면
그대는 그대의 육신조차 지탱하기 어려울 것이다. 8

신께 바치는 제사 이외의
세상 사람들이 하는 모든 행위는
욕망의 굴레에 얽매여 있다.
모든 행위를 신께 제물을 바치듯이
아무런 대가를 바라지 않고 행하라. 9

사람과 제사는 함께 창조되었다.
창조주가 사람과 제사를 함께 만들면서
'너는 제사와 더불어 번성하고 모든 소원을 이루게 될 것이다'라고
약속했다. 10

모든 것을 신으로 보고
어떤 대가를 바라지 말고 그들을 사랑하고 섬겨라.
그러면 신들도 그대를 사랑으로 보살펴 줄 것이며
이런 섬김과 사랑을 통해 그대는 가장 높은 선에 도달할 것이다. 11

신들은 그대의 순수한 사랑과 섬김을 기뻐하며
그대의 모든 소원을 이루어 줄 것이다.
신께 제물은 바치지 않고
신이 주는 선물만을 받아 즐기려는 사람은

도둑이나 마찬가지이다. 12

자기가 먹는 음식도 신께 제물을 바치는 심정으로 먹는 사람은
죄악에서 벗어난다.
하지만 자신의 혀와 배를 만족시키기 위하여
음식을 준비하고 먹는 사람은
음식이 아니라 죄악을 먹는 것이다. 13

모든 생명체는 음식으로부터 나오고
음식은 비로부터, 비는 제사로부터, 제사는 행위로부터 나온다. 14

행위는 브라흐만으로부터 나오고
브라흐만은 불멸하는 것으로부터 나온다.
그러므로 모든 것 속에 두루 들어있는 브라흐만은
언제나 제사에 임해 있다. 15

이 세상에서 죄를 짓고 감각의 쾌락에 빠져
돌고 도는 바퀴를 따르는 자는 헛된 삶을 산다. 16

참자아를 깨달은 사람은
자신의 참자아 속에서 늘 만족을 누린다.
자아를 완성한 자는 달리해야 할 일이 없다. 17

그는 어떤 행동을 통해서
얻을 것도 없고 잃을 것도 없다는 것을 알기 때문에
누구에게 의지하지도 않고 무엇을 바라지도 않는다. 18

그러므로 언제나 집착 없이 그대가 해야 하는 행위를 하라.
그대는 집착 없는 행위에 헌신함으로써
깨달음과 평화에 도달하게 될 것이다. 19

어진 임금이었던 자나카왕은
이런 행위를 통해 완전함에 이르렀으며
다른 성자들도 이 길을 따름으로써 완전함에 이르렀다. 20

훌륭한 사람이 어떤 행동을 하면
다른 사람들도 그것을 따르려고 노력한다.
그가 보인 모범을 온 세상이 따른다. 21

아르주나여,
나는 이 세상에서 반드시 해야 할 일도 없고
반드시 얻어야 할 것도 없다..
그럼에도 불구하고 나는 행위를 멈추지 않는다. 22

만약 내가 행동을 멈춘다면 사람들은 즉시 나를 본받아서
행동하지 않으려고 할 것이다. 23

그러므로 내가 일하기를 멈추면 온 세상이 혼란해질 것이고
결국에는 세상과 사람이 모두 파멸에 이르고 말 것이다. 24

아르주나여
무지한 사람은 자신의 이익에 집착하며 행위하고
지혜로운 사람은 자신의 이익에 집착하지 않고
세상의 행복을 위하여 행위를 한다. 25

깨달은 사람은 자비로운 마음으로 모든 일을 행함으로써
무지한 사람들이 스스로 따라오도록 만들어야 한다. 26

모든 행위는
타고난 본성적인 기운의 흐름에 의해 저절로 일어난다.
그러나 자의식에 사로잡힌 사람은
'내가 행위자'라고 생각한다. 27

하지만 본성적인 기운과 그 기운의 흐름에 따라
행위가 일어난다는 것을 아는 사람은
행위에 집착하거나 얽매이지 않는다. 28

모든 행위가 세 가지 기운의 상호작용에 의해 일어난다는 것을
모르는 사람은 행위의 결과에 집착한다.
깨달은 사람은 그러한 무지한 사람을

혼란스럽게 만들면 안 된다. 29

나에게 모든 것을 맡기고
지고의 자아에 대한 일념으로 바람도 이기심도 없이
나가서 싸워라!
그대의 욕망을 버리고 싸워라. 30

이 가르침을 항상 신뢰하고 불평 없이 따르는 사람은
행위의 굴레에서 벗어난다. 31

그러나 의심하고 불평하면서 이 가르침을 따르지 않는 사람들은
생각이 미혹되어 분별이 없어 몰락한다. 32

지혜를 지닌 사람이라도
자신의 프라크리티의 한계 안에서 행위를 한다.
모든 존재는 프라크리티에 종속될 수밖에 없다.
그러므로 어떤 행위를 하지 못하도록 억압하는 것은
아무 소용이 없는 일이다. 33

감각기관은 어떤 대상을 좋아하기도 하고 싫어하기도 한다.
그런 느낌은 감각기관에 남겨 놓고
그대는 그 좋고 싫은 느낌에 종속되지 않도록 하라.
이원적인 분별심에 사로잡히면 깨달음에 이르지 못한다. 34

아무것도 하지 않거나 도중에 죽더라고
자신의 의무를 수행하다 죽는 편이 훨씬 낫다.
하지만 자신의 일은 팽개치고
남이 하는 일을 부러워하며 남의 일을 하는 사람은
위험에 빠진다. 35

| 아르주나 |

크리슈나여,
사람들로 하여금 죄를 짓게 하는 그 힘은 도대체 무엇입니까?
자신들의 의지와 상관없이
악을 행하게 만드는 그 힘은 도대체 무엇입니까? 36

| 크리슈나 |

욕망과 분노의 에너지가 사람들을 그렇게 만든다.
그대는 이 욕망과 분노가 악이며
이것이 그대에게 위험한 적임을 알아야 한다. 37

아르주나여,
불이 연기에 가려지고
거울이 먼지에 가려지며
태아가 자궁에 가려져 있듯이

참된 지혜는 이러한 욕망과 분노에 가려져 있다. 38

도저히 만족하지 못하는
이 욕망의 불길이 지혜를 가린다. 39

이기적인 욕망은
감각기관과 마음과 지성 속에 뿌리를 내리고 있으면서
참다운 지혜를 덮어 어둡게 만든다.
그래서 사람들은 망상에 빠진다. 40

그러므로 아르주나여,
그대는 그대의 감각기관을 제어함으로써
지혜와 분별력을 가리고 깨달음에 이르지 못하게 방해하는
그대의 적을 쳐부수라. 힘을 다해 싸워라. 41

물질적인 육체보다 감각기관이 우월하며
감각기관보다 마음이 더 우월하다.
마음보다 지성이 더 우월하며
지성 위에는 참자아 아트만이 있다. 42

그러므로 지고한 아트만을 깨닫고
아트만이 그대의 자아를 정복하게 하라.
이기적인 욕망이라는 무서운 적을 무찔러라. 43

4장. 언제나 제사를 드리듯이 행위하라

| 크리슈나 |

나는 이 불멸의 가르침을
태양신 비바스바트에게 전해 주었다.
비바스바트는 마누에게 마누는 이크샤바쿠에게 전했다. 1

아르주나여,
뛰어난 현자들은 이처럼 대를 이어가면서
먼 옛날부터 전승되어 내려오는 요가의 가르침을 전수받았다.
그러나 세월이 지남에 따라
이 불멸의 가르침은 이 세상에서 사라지게 되었다. 2

이 가르침은 매우 깊은 비밀이다.
그러나 그대는 나의 친구이자 제자이기 때문에

오늘 그것을 그대에게 설명해 준 것이다. 3

| 아르주나 |

당신은 비바스바트보다 훨씬 뒤에 태어나셨는데
어떻게 그에게 요가의 가르침을 전해 주었다고 하십니까?
도무지 이해가 가지 않습니다. 4

| 크리슈나 |

아르주나여,
그대와 나는 수많은 생을 거쳐 왔다.
그대는 그대의 전생을 잊어버렸지만 나는 모두 기억하고 있다. 5

나의 진정한 존재는 영원하며 변하지 않는다.
나는 만물 속에 거하는 그들의 진정한 주인이다.
나는 초월적인 창조력으로 내 자신의 프라크리티를 사용하여
나를 유한한 형태로 드러낸다. 6

나는 진리가 쇠퇴하고 거짓이 세상을 덮으면
그때마다 이 땅에 모습을 드러낸다. 7

나는 선을 보호하고 악을 멸하기 위하여

그리고 진리를 다시 확립하기 위하여 매 시대마다 다시 온다. 8

나의 출생과 행위의 신비로움을 아는 사람은
육신을 버리고 난 후에도 환생하지 않고 나에게로 온다. 9

아르주나여,
많은 사람이 나에게 자신을 바침으로써
집착과 두려움과 분노에서 벗어났으며
참자아에 대한 깨달음 속에서 정화되어 나의 상태에 이르렀다.
그들은 나와 하나가 되었다. 10

사람들은 여러 가지 방식으로 나에게 접근한다.
나는 그들이 어떤 길을 통해 오더라도 모두 받아들인다.
아르주나여,
사실 모든 길이 다 나에게 이르는 길이다. 11

세상 사람들은 자기가 하는 일이 성공하길 바라면서
저마다 자신이 선택한 신을 섬긴다.
그렇게 하면 이 세상에서 소원이 이루어지기 때문이다. 12

신분의 구별, 세 가지 서로 다른 본성적 기운,
그리고 사람마다 다른 업보,
이 모두가 나에게서 비롯된 것이다.

내가 그것들의 원인이다.
그러나 나 자신은 변하지 않고
어떤 행위에도 종속되지 않는다. 13

나는 행위의 결과에 집착하지 않기 때문에
어떤 행위도 나에게 영향을 미치지 못한다.
이것을 이해하고 실천하는 사람은
행위에 속박되지 않고 자유롭다. 14

고대의 현자들이 그랬던 것처럼
행위에 종속됨이 없이
그대의 의무를 적극적으로 수행하라. 15

무엇이 행위이고 무엇이 행위 하지 않음인가?
이 문제에 대해서는 현자들조차도 혼돈을 겪었다.
이제 내가 행위에 대한 비밀을 가르쳐 주겠다.
이것을 알면 그대는 모든 굴레에서 벗어나게 되리라. 16

행위의 본질을 아는 것은 참으로 어렵다.
하지만 그대는 행위와 행위 하지 않음,
그리고 어떤 행위를 피해야 하는지를 알아야 한다. 17

깨달은 사람은

행위 가운데에서 행위 하지 않음을 보고
행위 하지 않음 가운데서 행위를 본다.
이러한 사람은 가장 지혜롭고 절제된 자이며
완전한 행위자이다. 18

깨달음을 얻은 성현들은
모든 일에 욕망과 야욕을 버린 사람,
지혜의 불로 행위에 대한 집착을 완전히 태워 버린 사람을
지혜로운 사람이라고 하였다. 19

지혜로운 사람은
외적인 상황이 어떠하든지 항상 만족한다.
그들은 행위의 결과에 영향을 받지 않으며
행위 하는 중에 아무런 행위도 하지 않는다. 20

결과를 기대하지 않고 소유에 대한 욕망을 포기하고
몸과 마음이 참자아에 대한 깨달음으로 제어된 상태에서
몸이 움직이는 대로 행동하는 사람은
무엇을 해도 죄가 되지 않는다. 21

그런 사람은
이원적인 분별을 넘어선 자유를 누린다.
아무하고도 다투지 않으며 성공과 실패를 평등하게 보고

무엇이 주어지든지 항상 만족한다. 22

그들의 마음은 이기적인 집착에서 벗어나
참자아를 아는 지혜 속에 안주한다.
그들은 모든 행위를 신께 바치는 제사처럼 행하기 때문에
어떤 행위를 해도 업이 쌓이지 않는다. 23

제사를 올리는 행위도 브라흐만이요,
바쳐지는 행위 그 자체도 브라흐만이다.
제물인 브라흐만이 브라흐만의 불길에 타는 것이다.
모든 행위 속에서 브라흐만을 보는 사람은
반드시 브라흐만에 도달한다. 24

신들에게 곡식을 제물로 바치는 수행자가 있는가 하면
이타적인 봉사를 브라흐만의 불에 제물로 바치는 사람도 있다. 25

또 어떤 수행자들은 감각의 즐거움을 포기함으로써
감각기관을 제물로 바친다. 26

어떤 수행자들은
모든 감각의 작용과 모든 생기의 작용을
지혜의 불로 조절하는 수행을 제물로 바친다. 27

재물을 바치는 사람도 있고 고행을 바치는 사람도 있다.

굳은 서원을 세우고 배움과 경전 연구를 제물로

바치는 사람도 있고

명상을 제물로 바치는 사람도 있다. 28

어떤 사람은 들숨과 날숨을 조절하면서

생명의 기운을 제물로 바침으로써

생명의 기운을 통제하는 능력을 얻기도 한다. 29

어떤 사람은 음식이나 감각을 억제하면서 생명의 기운을 바친다.

이들은 모두 제사의 의미를 아는 사람들이다.

이들은 자신이 바치는 제사를 통해

과거의 더러움을 씻고 맑게 정화된다. 30

제사를 드리는 사람은 그 결과 영혼의 양식을 얻고

영원한 브라흐만의 경지에 도달한다.

아르주나여,

제사를 드리지 않는 사람들은

이 세상에서도 즐거움을 누리지 못한다.

그들은 늘 불평하며 짜증을 낸다.

이러한데 어떻게 다음 세상의 즐거움을 바라겠는가? 31

제사를 드리는 것은 행위이다.

이렇게 각자 자기 나름의 방법으로
제사를 드리는 행위를 통해 브라흐만에 이를 수 있다.
이것을 이해하면 그대는 자유로워질 것이다. 32

아르주나여,
지혜를 제물로 바치는 것이
어떤 물질을 제물로 바치는 것보다 낫다.
모든 행위는 지혜에 의해 완성된다. 33

깨달음을 얻은 스승에게 다가가
겸손한 마음으로 삶의 진리를 물어라. 34

일단 진리를 깨달으면
그대는 더 이상 미혹되지 않을 것이다.
만물이 참자아 안에 있으며 모든 것이
내 안에 있다는 것을 알게 될 것이다. 35

아르주나여,
아무리 죄가 많은 사람들이라도
지혜의 배를 타고 죄악의 바다를 건널 수 있다. 36

활활 타오르는 불길이 장작을 재로 만들 듯이
지혜의 불은 모든 행위를 재로 만든다. 37

영적인 지혜의 불만큼
마음을 깨끗하게 정화하는 것이 이 세상에는 없다. 38

신심을 지니고 감각을 절제하여
지혜를 얻는 것에 전념하는 자는
오래 걸리지 않아 지혜를 얻고
완전한 평화에 들어간다. 39

그러나 무지한 자는 믿지 않으며
자아마저 의심하여 멸망에 이른다.
그들은 이 세상에서도 행복할 수 없고
저 세상에서도 행복할 수 없다. 40

요가로써 행위의 결과에 대한 집착을 버리고
영적인 지혜로 모든 의심을 잘라내는 사람은
어떤 행위를 해도 속박되지 않는다. 41

그러니 아르주나여,
그대 마음속에 있는 의심을 지혜의 칼로 잘라내라.
용감하게 일어나서 요가의 길을 가라. 42

5장. 선과 악, 기쁨과 슬픔, 그 어떤 것도 원하지 말라

| 아르주나 |

오 크리슈나여,
당신은 한편으로는 행위의 포기를,
또 한편으로는 행위의 요가(카르마 요가)를 찬양하십니다.
이 둘 중에서 어떤 것이 더 나은지를 확실하게 말씀해 주십시오. 1

| 크리슈나 |

행위의 포기와 행위의 요가는 둘 다 구원에 이르는 길이지만
행위의 요가가 행위의 포기보다 더 나은 길이다. 2

완전한 포기를 성취한 사람은 이원성의 대립에서 벗어난다.
그에게는 좋고 싫음이 없으며 욕망에서 자유롭다. 3

어리석은 사람은 지혜의 길과 행위의 길이 다르다고 생각한다.
하지만 지혜로운 사람은 이 둘을 동일한 것으로 본다.
어느 한 길을 통해서든 목표에 도달한 사람은
다른 길을 통해도 똑같은 경지에 이르기 때문이다. 4

지혜의 길이 목표로 하는 것과
행위의 길이 목표로 하는 것은 같다.
이 둘을 하나로 보는 자가 참으로 보는 자이다. 5

행위의 길을 따르지 않고
완전한 포기를 성취하기는 대단히 어렵다.
지혜로운 사람은 결과를 기대하지 않는 행위의 길을 통해
빠른 시간 안에 브라흐만에 도달한다. 6

행위를 하면서 행위의 결과를 기대하지 않는 사람은
감각과 욕망을 정복하여 자신을 깨끗하게 정화시킨다.
그들은 만물 속에서 아트만을 보며
그들과 자신이 하나임을 안다.
그들은 무엇을 하든
자신이 행한 행위로 인하여 영향을 받지 않는다. 7

이런 진리를 깨닫고 의식이 참자아와 하나된 사람은
무엇을 하든 자신이 행위자라고 생각하지 않는다. 8

보고, 듣고, 먹고, 마시고, 만지고, 냄새 맡고, 움직이면서도
또 잠자고, 숨쉬고, 눈을 떴다 감았다 하면서도
그렇게 하는 것은 자기가 아니라
감각기관이 그 대상에 작용할 뿐이라고 생각한다. 9

모든 행위를 브라흐만 안에서 받아들이고
집착을 포기한 채 행위 하는 자는
연꽃잎이 물에 젖지 않는 것처럼
죄악에 물들지 않는다. 10

그들도 자아의 정화를 위하여 집착을 버리고
몸, 마음, 이성, 감각을 가지고 행위 한다. 11

마음을 제어한 사람은
행위의 결과에 대한 집착을 버리고 영원한 평화를 얻지만
욕망에 이끌려 행위의 결과에 집착한다. 12

행위의 결과에 대한 집착을 포기한 사람은
아홉 개의 문이 달린 육체 안에서
하는 일도, 시키는 일도 없이 행복하게 앉아 있다. 13

그는 행위의 주체도, 행위 그 자체도 아니며
행위와 그 결과를 연결 짓는 그 어떤 것도 아니다.

행위에 관한 것은 오직 프라크리티의 소산이다. 14

그는 어떠한 악도 어떠한 선도 취하지 않는다.
그러나 무지에 의해 참다운 지혜가 가려진 인간은
미혹에 빠진다. 15

자신의 무지를 소멸시킨 사람의 지혜는
태양처럼 지고(至高)의 것을 밝게 드러내 보여준다. 16

마음이 참자아에 대한 지혜와 일치하여
그것을 최고의 목적으로 여기는 자는
그 참다운 지혜로써 허물을 제거하고
환생하지 않는 곳으로 간다. 17

지혜로운 자는
지식과 실천을 겸비한 종교지도자이든
천민이든 코끼리, 소, 개이든 만물을 평등하게 본다. 18

이렇게 만물을 평등하게 보는 자는
이생에서 더 이룰 것이 없다.
그의 마음은 이미 평등한 브라흐만에 안주하고 있기 때문이다. 19

마음이 브라흐만 안에 확고하게 뿌리를 내리고 있기 때문에

좋은 것을 얻어도 크게 기뻐하지 않고
나쁜 일을 당해도 크게 낙심하지 않는다. 20

그는 감각의 만족을 추구하지 않으며
참자아를 깨닫는 기쁨만을 추구하며
의식을 브라흐만과 통합시키는 요가를 통해
불멸의 기쁨을 누린다. 21

아르주나여,
감각의 접촉에서 생기는 쾌락은 고통의 원천이 될 뿐이다.
그것은 시작이 있고 끝이 있다.
지혜로운 자는 그러한 즐거움을 추구하지 않는다. 22

죽기 전에 이 세상에서
욕망과 분노로부터 생겨난 동요를 견딜 수 있는 사람은
제어된 자이며 행복한 자이다. 23

마음속에 행복과 기쁨과 빛을 지닌 자,
이런 자만이 브라흐만과 일치된 자이며
브라흐만의 열반에 이른 자이다. 24

죄를 벗고 모든 의심을 몰아내며
마음을 제어하여 모든 존재의 행복에 기뻐하는 자는

브라흐만의 열반에 이른다. 25

욕망과 분노를 버리고 마음을 제어한 자는
브라흐만의 열반에 가까이 있다. 26

그는 외계와의 접촉을 멀리하고 시력을 미간에 모으고
코로 들숨과 날숨을 평안히 하여 27

감각, 마음, 지성의 작용을 제어한다.
그리하여 이기적인 욕망, 두려움, 공포, 분노에서 벗어나
참된 자유에 이른다. 28

나를 제사와 고행을 받는 이로,
모든 세계의 대주재자, 모든 중생의 친구로 아는 자는
평안에 이른다. 29

6장. 언제나 자신의 몸과 마음을
제어하도록 꾸준히 노력하라

| 크리슈나 |

제사도 드리지 않고 아무런 행위도 하지 않고
가만히 있는 사람은 포기자가 아니다.
행위의 결과에 관심을 두지 않고 해야 할 행동을 하는 사람이
진정한 포기자요, 요가의 목표를 이룬 사람이다. 1

아르주나여,
포기와 행위의 요가는 같은 것이다.
행위의 결과에 대한 집착을 떨쳐 버리지 못하는 사람은
요가의 길을 가지 못한다. 2

요가에 오르기를 원하는 자에게는 행위가 수단이지만
요가에 이미 오른 자에게는 평정이 수단이다. 3

감각의 대상이나 행위에 대한 집착을 버리고
모든 분별을 포기한 자, 그가 바로 요가에 오른 자이다. 4

스스로 자신을 높이고 스스로 자신을 비하하지 말라.
자신은 자신의 가장 이로운 벗인 동시에 가장 해로운 적이다. 5

스스로 자신을 정복한 자에게는
자신의 마음이 곧 자신의 벗이지만
스스로 자신을 정복하지 못한 자에게는
자신의 마음이 곧 자신을 괴롭히는 적이다. 6

자신을 정복하고 완전한 고요함에 이른 자는
춥거나 덥거나 즐겁거나 고통스럽거나
남이 칭찬하거나 욕하거나 언제나 마음의 평정을 잃지 않는다. 7

참된 지혜와 분별력을 지니고
아무런 동요 없이 감각을 정복한 자에게는
흙이나 돌이나 황금이나 모두 동일하게 보인다. 8

그러한 자는
가족, 친구, 적, 친절한 사람, 해치려는 사람,
착한 사람, 악한 사람 등을 구별하지 않고
모두를 똑같이 대한다. 9

요가의 통일된 의식을 추구하는 자는
몸과 마음을 제어하고 물질적 소유에 대한 기대나 집착을 버리고
항상 한적한 곳에 머물러 홀로 자신을 수련해야 한다. 10

아르주나여,
깨끗한 장소를 골라
너무 높지도, 너무 낮지도 않게 자리를 마련하라. 11

자리에 앉으면 먼저 마음을 고요히 하고
생각과 감각의 작용을 제어하며
마음을 한곳에 집중하여 명상하라. 12

몸과 머리와 목을 곧게 세우고
흔들림이 없는 자세로 앉아서
사방을 둘러보지 않고 시선을 코끝에 고정시켜라. 13

참자아의 평화 속에서 모든 두려움을 벗어 던지고
모든 욕망을 브라흐만에게 제물로 바쳐라.
마음을 제어하여 오직 나를 생각하며
나에게 헌신한 상태로 좌정하라. 14

이러한 명상으로 항상 자신을 수련하면서
마음을 제어하는 자는 열반을 구경으로 삼아

내 안에 머무는 평안에 이른다. 15

아르주나여,
요가수행자는
너무 많이 먹거나 너무 적게 먹어서도 안 되고
너무 많이 자거나 너무 적게 자서도 안 된다. 16

알맞게 먹고 알맞게 휴식하며
알맞게 일하고 알맞게 자는 사람만이
부단한 요가의 수행을 통하여
번뇌의 불길을 잡을 수 있다. 17

마음을 완전히 가라앉혀 오로지 자아 안에 머물고
모든 욕망으로부터 벗어난 자가 절제된 자이다. 18

요가 수행이 깊은 사람은
바람 없는 곳에서는 등불이 흔들리지 않듯이
마음이 흔들리지 않는다. 19

깊은 명상으로 마음이 고요해지고
참자아를 보며 참자아 안에서 만족할 때, 20

지극한 즐거움은

감각을 초월한 마음에 의해 획득될 수 있다는 것을 알고
진실로 동요되지 않을 때, 21

이런 상태에 도달하고 나면
그것을 다시없는 행운으로 알고
어떤 고난이 닥칠지라도 동요되는 일이 없을 때, 22

그때 수행자는 모든 고통에서 풀려나며
이것이 곧 요가의 길이다.
그대는 굳은 결단과 열정을 가지고 이 길을 따르라. 23

분별에서 생겨난 모든 욕망을 남김없이 버리고
마음으로 모든 감각을 완전히 정복하라. 24

점차로 마음을 고요하게 하고
강건한 마음으로 마음을 자아에 머물게 하고
아무것도 생각하지 말라. 25

마음이 아무리 불안정하게 동요되더라도
그것을 다시 자아 안으로 끌어들이라. 26

마음이 평안 속에 있고
격정이 가라앉아 모든 죄와 허물을 벗어

브라흐만과 하나 된 자에게는 최상의 행복이 찾아온다. 27

이와 같이 항상 자신을 제어하여 허물이 소멸된 수행자는
브라흐만과의 합일에서 오는 무한한 즐거움을 쉽게 얻는다. 28

그들은 모든 존재 안에서 자아를 보며
자아 안에서 모든 존재를 본다.
그들은 모든 것을 평등하게 본다. 29

만물 속에서 나를 보며
내 안에서 모든 것을 보는 자는
나를 잊지 않으며 나도 그를 잊지 않는다. 30

모든 존재 안에 머무는 나를 사랑하며
나 하나에만 전념하는 수행자는
언제 어디서나 늘 내 안에 머문다. 31

아르주나여,
즐거움이든 괴로움이든 어디에서나 모든 것을
참자아에 비추어 평등하게 보는 자는
가장 높은 단계의 요가를 성취한 자이다. 32

| 아르주나 |

오 크리슈나여,
저는 마음이 불안정하여
당신께서 평등한 마음이라고 말씀하신
요가의 확고한 경지를 이해할 수 없습니다. 33

제 마음은 불안정하고 난폭하며 걷잡을 수 없고 완고합니다.
이런 마음을 제어하려는 것은
마치 바람을 재우는 일처럼 힘이 듭니다. 34

| 크리슈나 |

그렇다.
마음을 제어하는 것은 바람을 재우는 것처럼 어려운 일이다.
그러나 아르주나여,
규칙적이고 지속적인 수행과
욕망을 버림으로써 마음을 붙잡을 수 있다. 35

자신을 제어하지 않고 요가의 길은 이루기 힘들다.
그러나 자신의 의지에 따르고 노력함으로써
올바른 방편으로 꾸준히 수행하는 사람은
목표에 도달할 것이다. 36

| 아르주나 |

크리슈나여,
믿음은 있으나 의지가 부족하여 수행의 길에서 이탈하여
요가의 완성을 얻지 못하는 수행자는 어떻게 됩니까? 37

구도의 길에서 방황하면
브라흐만으로의 길에서 떨어져 나와
조각난 구름처럼 그냥 흩어져 버리는 것이 아닙니까? 38

크리슈나여,
저의 이 의심을 시원하게 풀어 주십시오.
저의 이 의심을 끊어 줄 사람은 오직 당신뿐입니다. 39

| 크리슈나 |

아르주나여,
이 세상에서도 저 세상에서도
그러한 자는 결코 멸망하지 않는다.
진리의 길을 가는 사람에게
어찌 그런 불행이 있을 수 있겠는가? 40

요가의 길을 가다가 도중에 이탈한 사람은
죽은 다음 공덕을 쌓은 자들이 사는 세계에 가서

오랜 세월 동안 거기서 살다가
고결하고 존경받는 집에 다시 태어난다. 41

아니면 아주 드물기는 하지만
지혜로운 수행자의 집에 태어나기도 한다. 42

이렇게 다시 태어난 그는
전생에 지녔던 지혜의 힘을 되살려서
거기에서부터 수행을 다시 시작하게 된다. 43

그는 전생의 수행 덕분에
자기도 모르는 사이에 수행의 길에 들어선다.
요가가 무엇인지 알려고 했던 것만으로도
의미 없는 제식주의에 빠진 사람보다 더 앞서서 시작한다. 44

요가 수행의 길에 들어선 사람은 도중에 이탈하더라도
여러 생을 거쳐 끊임없이 노력함으로써
마침내 궁극적인 경지에 들어간다. 45

요가 수행자는
금욕주의자, 경전에 통달한 학자,
제사를 드리는 사람보다 위대하다.
그러므로 아르주나여, 요가 수행자가 되어라. 46

요가 수행자 중에서도
완전한 신뢰감을 가지고 나에게 헌신하는 사람
나에게 완전히 몰입하는 사람,
그 사람이 바로 나와 가장 완전히 하나됨을 얻은 자이다. 47

7장. 좋아하는 것과 싫어하는 것을 분별하는 마음에서 벗어나라

| 크리슈나 |

아르주나여,
마음을 나에게 집중하고 나만 의지하여 요가를 수행하라.
나에 대한 모든 것을 의심 없이 바르게 알 수 있도록
이것을 들어라. 1

나는 이제 그대에게
참자아를 아는 지혜와 통찰력에 대해
모든 것을 말해주고자 한다.
이것을 알면 이 세상에서 더 이상 알아야 할 것이 없다. 2

많은 인간 중에 완성을 향해 노력하는 자는 드물며
노력하여 완성에 이른다고 하더라도

나를 진실로 아는 자는 매우 드물다. 3

흙, 물, 불, 바람, 에테르, 의근(意根), 이성, 자의식
이 8가지는 모두 나의 물질적 본성에서 나온 것이다. 4

그러나 이러한 낮은 차원의 본성 뒤에는
더 높은 차원의 정신적 본성이 있으며
그것이 이 세계를 지탱하는 힘이다. 5

모든 존재는
이러한 나의 두 가지 본성에서 나온다.
내 안에서 만물은 탄생하고 소멸한다. 6

아르주나여,
나에게서 분리되어 존재하는 것은 하나도 없다.
마치 구슬이 실에 꿰어 있듯이
세상의 모든 것은 나에게 매달려 있다. 7

아르주나여,
나는 물의 맛이며 태양의 빛이며 달의 빛이다.
나는 베다에서 나오는 성스러운 소리 '옴(om)'이며
공간 속에 울리는 소리이며
남자에게 있어서는 그 남성다움이다. 8

나는 달콤한 대지의 향기이며 불의 빛이다.
나는 모든 생물의 생명이며
모든 고행자의 고행 그 자체이다. 9

아르주나여,
나는 모든 존재의 영원한 생명의 씨앗이며
지성을 가진 자의 지성 그 자체이며
영광스러운 자들의 영광 그 자체이다. 10

나는 힘이 있는 자들의 힘 그 자체이지만
그 힘은 탐욕과 분노를 떠나 있으며,
모든 존재의 욕망 그 자체이지만
그 욕망은 법도에 어긋남이 없다. 11

물질적 본성의 세 기운(구나)인
밝은 기운(삿트바), 활동적인 기운(라자스), 어두운 기운(타마스)도
나에게서 비롯된 것이다.
그것들은 나에게 속해 있지만
나는 그것들에 속해 있지 않다. 12

이 세 가지 기운의 상호 작용으로
이 세상의 온갖 현상이 벌어진다.
사람들은 현상에 미혹되어 그 배후에 그것을 초월하여 있는

불멸의 나를 알지 못한다. 13

이 세 가지 기운이 만들어 내는
환영을 헤아리는 것은 매우 어렵다.
그러나 나에게 귀의하는 자는
이 환영의 바다를 무사히 건널 수 있다. 14

나에게 귀의하지 않으면
환영에 현혹되어 악한 일만 행한다.
나를 믿는 마음은 조금도 없이 분별력을 잃고
낮은 차원의 본능적인 충동만을 따르며 멸망의 길을 간다. 15

아르주나여,
사람들이 나를 찾는 이유는 네 가지이다.
삶이 고통스러워 나를 찾는 사람도 있고
소원을 이루기 위하여 찾는 사람도 있으며
인생의 의미를 이해하기 위하여 찾는 사람도 있고
진실로 지혜가 있기 때문에 찾는 사람도 있다. 16

이들 가운데 흔들리지 않는 마음으로 나에게 헌신하는
참다운 지혜가 있는 사람이 가장 뛰어나다.
나는 그들을 사랑하며
그들 또한 나를 지극한 마음으로 사랑한다. 17

물론 이들 모두가 숭고한 사람들이다.
그러나 그 중에서 참된 지혜가 있는 사람이 가장 복된 사람이다.
그들은 나를 가장 중요하게 여기며
나와 하나 되는 것을 인생의 궁극적인 목표로 삼는다. 18

이런 사람은 여러 생을 거치면서 나를 찾다가
마침내 모든 것 속에서 나를 발견한다.
그러나 이런 위대한 영혼은 아주 드물다. 19

이런 저런 욕망으로 참된 지혜를 빼앗긴 자들은
자기의 성향에 따라 이런 저런 신들을 섬기며
각기 다른 믿음의 길을 간다. 20

어떤 사람이 어떤 신을 신뢰하고 그 신을 섬기면
나는 그것이 어떤 신이든
그의 믿음이 흔들리지 않도록 도와준다. 21

나는 그가 완전한 믿음으로 자신이 선택한 신을 섬기면
거기에서 자신이 원하는 것을 얻도록 도와준다. 22

그러나 지혜가 부족한 자들이 얻는 것은
유한하고 일시적인 것이다.
그럼에도 불구하고 그들은 그 길을 간다.

그러나 진실로 지혜가 있는 사람은 나에게 온다. 23

무지한 자들은 나의 진정한 모습이 눈에 보이지 않으며
태어남과 죽음을 넘어서 있다는 것을 알지 못한다. 24

환영에 지나지 않는 외적인 현상에 미혹되어
내가 태어나지도 죽지도 않으며
영원히 변하지도 않는 존재라는 것을 깨닫지 못한다. 25

아르주나여,
나는 과거와 현재와 미래의 모든 것을 알고 있다.
그러나 참으로 나를 온전히 아는 사람은 하나도 없다. 26

아르주나여,
이 세상에 있는 모든 존재는
좋아하는 것과 싫어하는 것을 분별하는 마음에
미혹되어 환영의 세계에 거듭 태어난다. 27

그러나 모든 죄를 벗어버린 사람들은
상대적 대립으로부터 해방되어
나를 믿고 나에게 귀의한다. 28

늙음과 죽음으로부터 해방되기 위하여

나에게 의지하며 노력하는 사람은
저 브라흐만과 아트만, 그리고 카르마가 무엇인지 깨닫는다. 29

존재의 본질, 신의 본질, 제사의 본질을 아는 자,
그리고 죽을 때조차 나를 아는 자는
나와 일치된 마음을 가진 자들이다. 30

4부
전쟁에서 이기기 위하여 노력하면 무엇이 좋은가?

아르주나의 깨달음, 시작과 끝

8장~11장의 내용

3장부터 7장까지가 2장에 제시된 전체적인 메시지를 반복적으로 설명하였다면, 8장부터는 이러한 설명에 대한 아르주나의 질문이 본격적으로 시작된다. 아르주나는 크리슈나가 언급했던 브라흐만, 아트만, 카르마, 존재의 본질, 신의 본질, 제사의 본질 등이 무엇인지 묻고 크리슈나는 이러한 모든 것들이 현상의 세계 이면에 내재한 진상의 세계와 관련된 개념임을 설명한다.

9장에서 크리슈나는 아르주나에게 어떻게 하면 현상의 세계 이면에 있는 진상의 세계에 도달할 수 있는지를 설명한다. 이것은 앞에서도 계속 언급되었던 결과에 대한 집착 없는 행위, 만물에 대한 평등한 인식, 신에 대한 헌신으로 가능하다.

10장에서 크리슈나는 실재에 대한 깨달음의 최고의 경지가 어떤 것인지를 다시 설명한다. 크리슈나는 아르주나와 별도로 떨어진 개체가 아니라 아르주나의 깨달음이 최고에 달하는 경우 아르주나의 내면에서 그와 합일을 이루는 브라흐만, 아트만, 푸루샤이다.

11장에서는 혈육과의 전쟁에 참여할 수 없다고 고뇌하던 아르주나가 크리슈나의 반복되는 가르침으로 인하여 자신의 고뇌가 얼마나 부질없는 고뇌인가를 깨닫는다. 이를 바탕으로 더 높은 경지를 향하여 나아가고자 하는 열정을 보이고 크리슈나와 합일된 경지, 즉 진상의 세계와 합일된 경지에 도달한다.

생활 속의 『기타』 메시지

현상의 세계에서 열심히 의무를 다하며 사는 것은 결국
진상의 세계에 도달하기 위한 것이며,
어떤 처지에 있든 열과 성의를 다하여 노력하면
진상의 세계에 도달할 수 있다.
진상의 세계에 도달하고자 하는 노력에
지속해서 헌신하며 살아야 한다.

순조로운 이해를 위한 Tip

다음과 같은 구절부터 음미해보는 것도 좋은 방법이다.
- 현상의 세계 이면에 진상의 세계가 있다. 8:20~22
- 어떤 처지에 있든 노력하면 진상의 세계에 도달할 수 있다. 9:29~34
- 깨달음은 흔들리지 않는 헌신을 통해서만 유지된다. 11:52~55

8장. 현상의 세계 이면에
진상의 세계가 있음을 알게 된다

| 아르주나 |

오, 크리슈나여,

브라흐만, 아트만, 카르마는 무엇입니까?

존재의 본질은 무엇이며 신의 본질은 무엇입니까? 1

제사의 본질은 무엇이며 그것은 육체와

어떻게 관련되어 있습니까?

그리고 죽는 순간에 당신과 하나 되기 위해서는

어떻게 해야 합니까? 2

| 크리슈나 |

영원히 사라지지 않는 지고의 본성을 브라흐만이라고 한다.

만물 속에 깃들여 있는 나의 본질을 아트만이라고 하며
만물을 지어내는 그 창조력을 카르마라고 한다. 3

존재의 본질은 변하는 성질이며 신의 본질은 정신이다.
제사의 본질은 육체 속에 머무는 바로 나이다.
나는 그대의 육체 속에 머물면서 제사를 드리는 자이며
제사를 받는 주이다. 4

죽을 때 오로지 나만을 생각하는 자는 나에게로 온다.
여기에는 어떤 의심도 없다. 5

죽는 순간에 어떤 마음을 가지는가가
다음의 생을 결정한다. 6

그러므로 언제나 나를 생각하고 주어진 의무를 다하여 싸우라.
마음과 생각을 나에게 맡기고 의심 없이 나에게 와라. 7

명상과 요가에 의해 제어된 마음으로 나만을 생각하라.
그러면 지고의 신성한 정신에 이른다. 8

가장 오래된 현인, 온 우주를 지배하는 자,
원자보다 작은 자, 이 세상을 유지하는 자,
불가사의한 외모를 지닌 자,

어둠 너머 있는 태양의 빛깔을 지닌 자로 나를 기억하는 자, 9

이러한 자는
죽는 순간에도 흔들리지 않는 마음과 헌신의 힘으로
호흡을 양 눈썹의 중간에 모으고
지고의 신성한 정신을 향해 곧바로 나아간다. 10

경전에 통달한 현자들이 불멸이라 말하는 경지,
애욕으로부터 벗어난 수행자들이 들어가는 경지,
금욕생활을 행하면서 바라는 그 경지를
이제 간략하게 말하겠다. 11

감각의 문을 모두 닫고 마음을 가슴 안으로 모으고
호흡을 양 눈썹 중간에 모으고 요가의 집중에 들어간 자, 12

'옴'이라는 한 음절의 브라흐만을 발음하며
나를 생각하면서 육신을 버리는 자는
지고의 경지에 이른다. 13

아르주나여,
언제 어디서나 나만 생각하며 다른 것을 생각하지 않는 수행자는
어렵지 않게 나의 상태에 도달한다. 14

나의 상태에 도달한 위대한 영혼은
고통이 멈추지 않는 무상한 환생을 되풀이하지 않는다. 15

아르주나여,
브라흐만의 세계를 포함하여 이 세상의 모든 존재는
삶과 죽음을 반복하고 있다.
그러나 나에게 오면 그러한 환생을 하지 않는다. 16

우리의 수천만 년이
브라흐만의 세계에서는 하루 밤낮에 지나지 않는다. 17

브라흐만의 아침이 밝으면
뭇 존재들이 무형의 세계에서 현상세계로 나오며
브라흐만의 밤이 오면
모든 존재들은 무형의 세계로 다시 돌아간다. 18

이렇게 브라흐만의 낮과 밤에 따라
존재들의 생성과 소멸은 무한하게 반복된다. 19

그러나 이러한 현상세계 너머에 또 다른 무형의 세계가 있다.
이 무형의 세계는 우주가 소멸되어도 사라지지 않는다. 20

이 무형의 세계는 불멸이며 지고의 경지이다.

그것에 이르고 나면 다시 물러나는 일이 없다.
그것은 내가 있는 가장 높은 곳이다. 21

그것은 지고의 정신이며
지극한 믿음으로 얻을 수 있는 것이다.
그 안에 모든 존재가 머물며
그것에 의해 모든 것이 존재한다. 22

수행자가 세상을 떠날 때
어느 때 환생하지 않고
어느 때 환생하는지에 대해 말하겠다. 23

불, 빛, 낮, 달의 밝음 속에서
태양이 북쪽 진로를 따라가는 여섯 달 동안 죽는 영혼은
브라흐만을 아는 영혼으로서 브라흐만에게 간다. 24

연기, 밤, 달의 어두움 속에서
태양이 남쪽 진로를 따라가는 여섯 달 동안 죽는 영혼은
달빛을 얻어 이 세상에 다시 태어난다. 25

빛과 어둠, 이 둘은 이 세계의 영원한 두 가지 길이며
인간은 밝음에 의해 환생하지 않고
어두움에 의해 환생한다. 26

이 두 길을 아는 요가 수행자는 미혹되지 않는다.
그러므로 아르주나여,
언제나 요가수행으로 흔들리지 않도록 하여라. 27

이것을 아는 요가 수행자는
경전연구, 제사, 고행, 보시 등으로 인한
공덕의 결과를 모두 초월하여
지고의 원초적 경지로 나아간다. 28

9장. 꾸준히 노력하면
진상의 세계에 도달할 수 있다

| 크리슈나 |

그대는 나를 불신하지 않으니
이제 가장 깊은 비밀을 알려 주고자 한다.
그것을 알고 나면
그대는 모든 고통과 슬픔에서 벗어날 것이다. 1

이 불변의 지혜는 지혜의 으뜸이며 최고의 정화 수단이다.
또한 그것은 누구나 쉽게 알아들을 수 있으며
도리에 어긋나지 않으며 행하기 쉽다. 2

그러나 아르주나여,
이 지혜를 믿지 않는 사람은 나에게 이르지 못하며
죽음과 윤회의 굴레에서 벗어나지 못한다. 3

이 모든 세계는
눈에 보이지 않는 형태를 지닌 나에게서 온 것이다.
모든 존재는 내 안에 속해 있지만
나는 그들에게 속해 있지 않다. 4

나의 이 신적인 신비를 깨달아라.
나는 모든 존재 안에 있지 않으면서도
모든 존재를 유지시키는 모든 존재의 창조주이다. 5

바람이 허공에 이리저리 불어도
늘 허공에 머물러 있듯이
모든 존재는 내 안 머물러 있다. 6

우주적인 한 주기가 끝나면
모든 존재는 내 안으로 흡수되어 사라진다.
그 후 또 다른 한 주기가 시작되면
나는 그들을 다시 현상 세계로 내보낸다. 7

나의 물질적 본성의 힘에 의하여
만물의 생성과 소멸이 계속된다. 8

그러나 아르주나여,
나는 그러한 생성과 소멸에 종속되지 않는다.

나는 생성과 소멸에 초월하여
무엇에도 집착하지 않는 상태에 항상 머문다. 9

아르주나여,
나의 감독 하에 프라크리티는 생물과 무생물을 산출하며
세상은 이렇게 나의 법칙 안에서 돌고 돈다. 10

어리석은 자들은
존재의 대주재자인 나의 지고의 상태를 알지 못하고
인간의 형상을 한 나를 무시한다. 11

헛된 희망, 헛된 행위, 헛된 지식으로
마음이 혼란한 자는 삶이 온통 악과 재앙뿐이다. 12

그러나 진실로 위대한 영혼은 나의 신적인 본성을 찾는다.
그들은 내가 만물의 영원한 근원이라는 사실을 깨닫고
한 마음으로 나를 섬긴다. 13

그는 언제나 나를 찬양하면서 굳은 서약을 지니고 노력하며
흔들림 없이 나를 공경하고 항상 나와 일치된 상태에 머문다. 14

어떤 자는 지혜의 길을 통해
여러 모양으로 존재하는 나를 공경한다. 15

나는 의례요 제사이며
제사에 올리는 공물이며 약초이다.
나는 제사에 음송하는 주문이요
제단에 바치는 희생제물이며
그것을 태우는 불이다. 16

나는 이 세계의 창조주요
아버지이며 어머니이며 할아버지이다.
나는 모든 앎의 궁극적 대상이요
정화 수단이며 성스러운 음절 '옴'이다.
나는 리그 베다, 사마 베다, 야쥬르 베다이다. 17

나는 삶의 목적이고 만물의 부양자이며 주이다.
나는 관조자이고 만물의 거주처이며 피난처이다.
나는 만물의 참된 친구이며 만물의 시작과 중간과 끝이다.
나는 만물이 태어나는 자궁이며 만물의 영원한 씨앗이다. 18

나는 태양열을 주는 자이며
가뭄을 부르고 비를 오게 하는 자이다.
아르주나여, 나는 불멸이며 죽음이다.
존재하는 것과 존재하지 않는 것이 모두 나이다. 19

베다의 명령을 따라

제사를 드리고 제주를 마시며 나를 섬기는 자들은
죄악을 씻고 신들의 세계에 태어나 천상의 기쁨을 누린다. 20

그들은 공덕이 다하여 천상의 기쁨이 끝나면
다시 이 세상에 태어난다.
이처럼 베다의 가르침만을 준수하는 것으로는
생사윤회를 벗어나지 못한다. 21

나는 오로지 한 생각으로 나만 섬기고
언제 어디서나 나에게 몰두하는 사람에게
최상의 행복을 가져다준다. 22

아르주나여,
믿음으로 충만하여 다른 신을 섬기는 자들도
비록 바른 길을 따르고 있는 것은 아니지만
나를 섬기는 것이다. 23

왜냐하면 나는 일체의 제사를 받는 자이며 그 주인이기 때문이다.
그러나 그들은 진실로 나를 알지 못하므로
공덕이 다하면 다시 태어난다. 24

신을 섬기는 사람들은 신의 세계로 가고
조상을 섬기는 사람들은 조상들이 있는 세계로 가며

귀신을 섬기는 사람들은 귀신의 세계로 가고
나를 섬기는 사람은 나에게로 온다. 25

나뭇잎 한 장, 꽃 한 송이,
과일 한 조각, 물 한 그릇이라도 마음을 다하여 바치면
나는 그것을 매우 기쁘게 받는다. 26

그러므로 아르주나여,
무엇을 하든지, 무엇을 먹든지
무엇을 바치든지, 무엇을 베풀든지, 무슨 고행을 하든지
그 모든 것이 나에게 바치는 제물이 되도록 하라. 27

그러면 그대는 행위의 결과에서 벗어나리라.
행위의 결과에 집착하지 않는 포기를 통하여
완전한 자유를 얻고 나에게 온다. 28

나는 만물을 평등하게 본다.
나에게는 미운 자도, 사랑하는 자도 없다.
그러나 나에게 헌신하는 자는 내 안에 있으며
나도 또한 그 안에 있다. 29

큰 죄인이라도 마음을 돌이켜 나에게 오면
그는 더 이상 죄인이 아니다.

바르게 결심했기 때문이다. 30

그는 머지않아 의를 존중하는 자가 될 것이며
한없는 평안에 도달할 것이다.
아르주나여,
진심으로 나에게 귀의한 자는 멸망하지 않는다. 31

아르주나여,
어떤 환경, 어떤 처지, 어떤 신분에서 태어났더라도
나에게 귀의하는 사람은 지고의 경지에 도달한다. 32

미천한 태생, 즉 여자, 바이샤, 수드라도 그러한데
하물며 유덕한 왕족이나 현자들은 더욱 그러할 것이다.
덧없고 불행으로 가득 찬 이 세상에 태어났으니
나에게 귀의하라. 33

나를 생각하고, 나를 사랑하며
나에게 제사를 올리고 나에게 경배하라.
이와 같이 나와 일치되어 나를 지고의 목표로 삼는 자는
바로 나에게 이르게 될 것이다. 34

10장. 미혹에서 벗어나 모든 악에서 해방된다

| 크리슈나 |

아르주나여,
나의 지고의 가르침을 더 들어보라.
그대의 행복을 위하여 더 많은 것을 말해 주리라. 1

신의 무리들도 위대한 현인들도 나의 기원을 알지 못한다.
왜냐하면 나는 그들의 시초이기 때문이다. 2

나는 태어남도 시작도 없으며
세계의 대주재자로 아는 자는
미혹에서 벗어나 모든 악에서 해방된다. 3

분별과 지혜와 이해

용서와 진실과 절제

평온함과 즐거움과 괴로움

태어남과 죽음, 두려움과 용기 4

명예와 불명예, 비폭력과 자비와 공평함

만족과 고행과 보시 등

존재의 다양한 특성은 모두 나로부터 나온다. 5

옛날의 위대한 일곱 현인과 네 마누도

나의 마음으로부터 생긴 나의 존재들이며

세상에 존재하는 그들의 자손들도 그와 같이 태어났다. 6

나의 이 위력과 신비를 진실로 아는 자는

조금도 의심하지 않고 나와 하나가 된다. 7

사랑이 가득한 지혜로운 자는

나를 모든 것의 기원으로 보고

모든 것이 나로부터 나왔다고 생각하면서 나를 섬긴다. 8

그들은 나를 생각하며 나에게 생명을 바치고

서로 서로를 깨우치면서

항상 나를 이야기하고 만족하며 기뻐한다. 9

항상 나를 사랑하고 나에게 헌신하는 자에게
나는 지혜의 요가를 주나니
그들은 그것으로 나에게 이른다. 10

나는 그들을 불쌍히 여겨 찬란한 지혜의 등불로
무지로 인한 그들의 암흑을 소멸시켜 준다. 11

| 아르주나 |
당신은 지고의 브라흐만이시며
지고의 주처이시며 지고의 정화수단이십니다.
당신은 영원한 정신이시며 태어나지 않은 무한한 분입니다. 12

모든 현자들은 그렇게 말합니다.
나라다, 아시타, 데발라, 바샤 같은 성인들도 그렇게 말했습니다.
그리고 당신 스스로도 그렇다고 말씀하십니다. 13

오 크리슈나여,
당신께서 저에게 말씀하신 이 모든 것을 진리라고 생각합니다.
신들이나 악마들조차도 당신의 유일무이한 본성을
모두 알 수는 없습니다. 14

당신 자신만이 스스로 자신을 아십니다.

당신은 최고의 인격이고 존재의 근원이시며
만물의 창조주이고 신들 중의 신이며 세계의 주인이십니다. 15

이 세계를 충만케 하시며 이 세계에 머물고 계시는
당신 자신의 신비한 위력을 하나도 남김없이 말씀해 주십시오. 16

요가의 창조주시여,
제가 어떻게 해야 언제 어디서나
당신만 생각할 수 있는지 알려 주십시오.
어떠어떠한 상태에서 당신을 생각해야 합니까? 17

오 크리슈나여,
당신 자신의 신비한 능력과 위력에 대해
더 자세히 말씀해 주십시오.
당신의 가르침은 생명의 말씀입니다.
듣고 들어도 더 듣고 싶습니다. 18

| 크리슈나 |

나의 능력과 영광을 말해 주겠다.
그러나 모두 말하자면 끝이 없으므로 중요한 것만 말하겠다. 19

나는 모든 존재의 중심에 자리 잡은 자아이며

모든 존재의 시초요 중간이며 끝이다. 20

나는 천상의 열두 신들 가운데 우두머리인 비쉬누이며
빛나는 모든 것들 가운데 태양이며
바람의 신들 가운데 폭풍의 신 마리치이며
밤하늘에 빛나는 별들 중에서 달이다. 21

나는 모든 경전 중에서 싸마 베다이며
신들 가운데 바사바이며 감각 중에서 의근이며
살아있는 모든 존재의 정신이다. 22

나는 루드라 중에서 상카라이고
자연의 신과 영들 가운데 빗테샤이며
바수 중에서 파바카이며 산 중에서 수미산이다. 23

나는 제관들 중에서 우두머리인 브르하스파티이고
군대의 지휘관들 중에서 스칸다이며
호수 중에서 대양이다. 24

나는 위대한 현자들 중에서 브흐리구이고
모든 말 중에서 성스러운 음절 '옴'이며
제사 중에서 자파제사이고 산 중에서 히말라야이다. 25

나는 모든 나무 중에서 보리수이고
성인들 중에 나라다이며 음악의 신들 가운데 치타라타이고
성인들 가운데 카필라성자이다. 26

나는 말 중에서 불사로부터 태어난 우챠이쉬라바스이고
성스러운 코끼리 중에서 아이라바타이며
인간 중에서는 제왕이다. 27

나는 무기 중에서 금강저이며 암소 중에서 여의우이다.
나는 생식의 신 칸다르파이며 뱀들 중 바수키이다. 28

나는 용들 중에서 아난타이고 물의 괴물들 중 바루나이며
선조들 중 아리야만이고 정복자들 중 야마이다. 29

나는 악령들 중에 프라홀라다이고 짐승들 중에 사자이며
새들 중에 바나타의 아들이며 모든 척도 중에서 시간이다. 30

나는 정화의 도구 중 바람이고 무장한 용병 중 라마이며
대어 중의 악어이고 강 중에서 갠지즈강이다. 31

나는 창조물의 처음이요, 중간이며, 끝이다.
나는 지식 중에서 참자아에 관한 영적인 앎이다.
나는 말하는 자의 말이다. 32

나는 성음 중에서 '아'자이며
복합어 중에서 병렬복합어이다.
나는 무한한 시간이며
수많은 얼굴로 모든 곳을 지켜보는 세계의 유지자이다. 33

나는 모든 것을 앗아가는 죽음이며
미래에 있게 될 모든 것들의 기원이다.
나는 여성적인 성질의 것들,
즉 명성, 행운, 말, 기억, 총명, 굳셈, 인내 등이다. 34

나는 찬가 중에 브르하트사마이며 챤다스 중에서 가야트리이다.
달 중에 마르가쉬르샤이며 계절 중에 봄이다. 35

나는 도박꾼의 도박이며 찬란한 자의 찬란함이다.
나는 승리이며 결심이며 용기 있는 자들의 용기이다. 36

나는 브리쉬니족에서의 바수데바이며
판두의 아들들 중에 다남자야아르주나이며
성인들 중 바샤이며 시인들 중 우샤나스 시인이다. 37

나는 지배자들의 무기이며 야심 있는 자들의 처세술이며
또한 비밀 중에서 침묵이며 지혜로운 자들의 지혜이다. 38

나는 모든 존재의 씨앗이다.
생물이든 무생물이든
나를 떠나서 존재할 수 있는 것은 아무것도 없다. 39

나의 신비한 위력은 끝이 없다.
아르주나여,
지금까지 말한 것은 일부에 지나지 않는다. 40

그 어떤 존재가 위력적이거나 빛나거나 활기에 차다면
그것은 바로 나의 영광의 한 일부분으로부터 생긴 것이다. 41

그러나 아르주나여,
모든 것을 하나도 빠짐없이 아는 것이 중요한 것이 아니다.
나의 한 부분으로도 온 우주가 가득 찰 수 있다는 것만 알면
그것만으로도 그대의 앎은 충분하다. 42

11장. 진상의 세계와
하나가 되는 경험을 할 수 있다

| 아르주나 |

참자아의 비밀에 대한 당신의 가르침으로
저의 의심은 사라졌습니다.
이것은 당신의 은혜입니다. 1

연꽃잎의 눈을 가진 이여,
당신은 모든 존재의 시작과 끝을 말씀해 주셨습니다.
당신 자신의 지고한 신비도 말씀해 주셨습니다. 2

오, 크리슈나여,
당신이 말씀하신 무한한 영광을
이제 제 눈으로 보기를 원합니다.
지고의 창조주인 당신의 모습을 보고 싶습니다. 3

주인이시여! 요가를 주재하시는 이여!
만약 저에게 그것을 볼 만한 열정이 있다고 생각하신다면
당신의 불멸의 자아를 저에게 보여주십시오. 4

| 크리슈나 |

아르주나여,
수천수만 가지 색깔과 모양을 가지고 있는
무수한 나의 신적인 형상을 보라. 5

아르주나여,
아디탸야, 바수, 루드라, 아슈빈 그리고 마루트 등의 모습을 보라.
이전에 보지 못한 많은 신비한 것들을 보라. 6

아르주나여,
온 세상이 내 안에서 움직이고 있음을 보라.
그리고 그대가 보고 싶어 하는 다른 것들도 보라. 7

그러나 육체의 눈으로는 볼 수 없으니
내가 그대에게 신비의 눈을 열어 주리니
그 눈으로 나의 장엄한 능력을 보라. 8

| 산자야 |

오, 왕(드르타라슈트라)이시여!
위대한 요가의 대가인 크리슈나께서는 이와 같이 말씀하시고서
아르주나에게 지고의 존엄하신 모습을 보여주셨습니다. 9

그는 갖가지 천상의 보석으로 장식한
수많은 얼굴을 가진 모습을 보여 주었습니다.
그는 갖가지 무기를 들고 있는
온갖 기이한 모습으로 나타났습니다. 10

그는 천상의 화환과 옷을 걸치고 천상의 향을 바르고
사방의 얼굴을 지닌 채 온갖 기이함으로 이루어진
무한한 신의 모습을 보여주셨습니다. 11

만약 하늘에 수천 개의 태양 빛이 동시에 빛난다면
그 광채는 그 위대한 자아의 빛과 같을 것입니다. 12

그때 아르주나는
신 중의 신인 그의 몸 안에서
세계가 하나로 모여 있는 것을 보았습니다. 13

아르주나는 놀라움에 머리카락이 곤두서며
신 앞에 머리를 숙여 합장하며 말하였습니다. 14

| 아르주나 |

오, 주여!

저는 모든 신들과 뭇 존재들이 당신의 몸 안에 있는 것을 봅니다.

창조주 브라흐만과 모든 현자들과 천상의 뱀들을 봅니다. 15

사방에 수많은 팔과 배와 얼굴과 눈을 지닌

당신의 무한한 모습은 보이나

당신의 끝과 중간과 처음은 볼 수 없습니다.

일체의 주재자이시여!

일체의 모습을 지니신 이여! 16

왕관과 곤봉과 원판을 지니고

불덩어리처럼 사방으로 빛나는 당신을 봅니다.

사방으로 타는 불, 태양과 같은 광채를 지닌 당신의 모습은

쳐다보기도 어렵고 헤아릴 수도 없습니다. 17

당신은 불멸자이시며 마땅히 알려져야 할 지존이십니다.

당신은 이 일체의 궁극적인 저장소이십니다.

당신은 항구적이고 변하지 않는 법의 수호자이십니다.

당신은 영원한 정신입니다. 18

당신은 시작도 중간도 끝도 없으시고

무한한 힘과 무수한 팔을 지니셨으며

달과 태양의 눈을 가지고 계십니다.
당신은 불타오르는 얼굴로 자신의 열로
이 우주를 불태우십니다. 19

오, 주이시여,
하늘과 땅 사이, 모든 공간이 오직 당신 하나만으로
가득 차 있습니다.
이처럼 불가사의하고 무서운 당신의 모습을 보고
삼계가 전율합니다. 20

저 신들의 무리가 당신 안으로 들어갑니다.
어떤 자들은 두려워서 두 손을 모으고 찬양합니다.
위대한 현자와 성인들의 무리는 '스바스티'라고 외치면서
풍성한 찬미로 당신을 찬양합니다. 21

일체의 루드라, 아디티야, 바수,
싸디야, 아슈빈, 마루트, 우스마파들
또한 건달바, 야차, 아수라, 성인의 무리들
모두가 당신을 쳐다보며 놀라워합니다. 22

수많은 얼굴과 눈, 수많은 팔과 넓적다리와 발,
수많은 배와 끔찍한 송곳니를 지니신
당신의 위대한 모습을 보고서 세계가 전율합니다.

저도 또한 그렇습니다. 23

오색찬란한 색깔로 하늘에 닿을 듯 타오르며
입을 벌리신 채 불타는 듯한 거대한 눈을 하신 당신을 보니
내부의 자아가 전율하여
안정과 평안을 얻지 못하겠습니다. 비쉬누시여! 24

당신의 크게 벌어진 입에서 뿜어져 나오는
세상을 집어삼킬 듯한 불길을 보면서
또 무시무시하게 생긴 송곳니를 보면서
저는 혼이 빠져 버렸습니다.
제가 지금 어디에 있는지,
어디로 가야 할지 모르겠습니다.
온 우주를 유지하는 주님이시여,
저에게 자비를 베풀어 주십시오. 25

드르타라슈트라 왕의 아들들, 비쉬마, 드로나, 카르나,
우리 편 군대의 전사들과 모든 장수들이
당신의 입 속으로 빨려 들어가면서
무시무시한 송곳니에 으깨어지고 있습니다.
모든 강물이 바다로 흘러가듯이 이 땅의 모든 전사들이
불길이 솟은 당신의 입 속으로 빨려 들어가고 있습니다.
불나방들이 죽음을 향하여 불길 속으로 날아들 듯이

모든 존재가 자신의 파멸을 향하여
당신의 입 속으로 돌진해 가고 있습니다. 26~29

당신은 불타오르는 거대한 입으로 온 세상을 삼켜버립니다.
오 비쉬누시여!
당신이 뿜어내는 무시무시한 불길이
온 세상을 잿더미로 만들고 있습니다. 30

주이시여,
무서운 모습을 하고 계신 당신이 누구신지 말씀해 주십시오.
당신께 경배합니다. 은혜를 베풀어 주십시오.
당신이 진정 누구인지 그 본질을 알고 싶습니다. 31

| 크리슈나 |

나는 만물을 파괴하는 시간이며
세상을 집어삼키는 자이다.
그대가 전투에 참여하지 않는다고 하더라도
적의 모든 전사들은 한 사람도 빠짐없이 멸망할 것이다. 32

그러하니 그대는 일어나 싸워라.
적군을 물리치고 옛 왕국의 영광을 되찾으라.
적군의 전사들은 이미 내가 죽였다.

이 싸움에서 그대는 단지 나의 손에 들린 무기에 지나지 않는다. 33

드로나, 비쉬마, 자야드라타, 카르나 등
그리고 다른 모든 적군의 전사들은 이미 나에게 죽임을 당했다.
그대는 나가서 이미 내가 죽인 그들을 죽이도록 하여라.
주저하지 말고 나가 싸워라.
승리는 이미 그대의 것이다. 34

| 산자야 |

아르주나는
크리슈나의 이 말을 듣고 두려워 떨면서 머리를 조아리며
이렇게 말하였습니다. 35

| 아르주나 |

오, 크리슈나여,
당신을 찬양하는 소리에 온 세상이 기뻐하며 즐거워합니다.
악마의 무리는 겁에 질려 사방으로 달아나고
성자와 현인들은 당신께 경배합니다. 36

브라흐만보다 중요하신 최초의 창조자 당신께
어찌 경배하지 않을 수 있겠습니까?

오, 위대한 자아시여! 무한하신 이여!
당신은 신들의 신이시며 모든 존재의 집입니다.
당신은 존재인 동시에 비존재이며
불멸하는 지극히 높은 분이십니다. 37

당신은 최초의 신이시며 태고의 정신이십니다.
당신은 인식의 주체이시며 대상이십니다.
당신 안에 온 세상이 있으며
온 세상의 모든 형상이 다 당신입니다. 38

당신은 바람의 신 바유이고 죽음의 신 야마이며
불의 신 아그니이고 물의 신 바루나입니다.
당신은 달이고 창조자 프라자파티이며
모든 존재의 최초의 조상입니다.
그러므로 당신 앞에 머리를 숙이고
천번만번 당신께 경배하고 또 경배합니다. 39

앞에서도 뒤에서도 사방에서 모두가 당신께 경배를 올립니다.
당신은 무한한 힘과 헤아릴 수 없는 용맹을 지니고
모든 것을 완성하시고 모든 것 어디에나 계십니다. 40

저는 당신을 친구라고 생각하여
무례하게 '크리슈나여', '친구여'라고 불렀습니다.

때로는 농담을 건네기도 하고
같이 앉아 음식을 먹기도 하고
장난을 치기도 하였습니다.
오, 크리슈나여,
불멸자인 당신의 위대함을 알아보지 못하고
당신께 보인 이 무례함을 부디 용서해 주십시오. 41~42

당신은 온 세상의 아버지입니다.
생물이든 무생물이든 모든 만물의 아버지입니다.
당신은 마땅히 존경받아야 할 분이며
지극히 존엄하신 스승입니다.
온 세상에 당신과 견줄 자는 없습니다.
이 삼계 안에 어찌 다른 더 위대한 분이 있을 수 있겠습니까? 43

오, 은혜로우신 주님,
엎드려 청하오니 은혜를 베풀어 주십시오.
아버지가 아들을 용서하듯이, 친구가 친구를 용서하듯이
사랑하는 사람이 연인을 용서하듯이 저를 용서해 주십시오. 44

이전에 보지 못한 당신의 무시무시한 모습을 보니
저의 마음은 흥분되고 두려움에 전율합니다.
이전의 바로 그 모습을 저에게 다시 보여주소서.
신이시여! 은혜를 베푸소서. 45

천 개의 팔을 지닌 무서운 형상보다는
네 개의 팔을 지닌 모습으로 나타나소서.
머리에는 왕관을 쓰고
진리의 방망이와 원반과 소라 고동과 연꽃을 네 손에 들고 있는
자비로운 모습을 보여 주십시오. 46

| 크리슈나 |

아르주나여,
그대는 나의 은총으로 나와 합일되는 경험을 하였다.
나와 합일된 상태에서 그대는 나의 형상을 보았다.
나의 이러한 형상은 인간세계에서
그대 이외에는 본 사람이 없다. 47

경전 공부, 제사, 보시, 고행 등 어떤 방법으로든
그대가 본 나의 모습은 볼 수 없다. 48

아르주나여,
이러한 나의 모습이 무섭다고 두려워하지 마라.
두려움에서 벗어나 즐거운 마음으로
그내는 다시 한 빈 나의 이 모습을 보아라. 49

| 산자야 |

크리슈나는 이렇게 말한 다음
네 개의 팔을 지닌 자애로운 모습을 보여 주었습니다.
그리고 다시 아르주나에게 익숙한 옛 모습으로 돌아와서
두려워하고 있는 아르주나을 위로하였습니다. 50

| 아르주나 |

오, 크리슈나여,
부드럽고 인간적인 당신의 모습을 보니
이제야 마음이 가라앉습니다. 51

| 크리슈나 |

그대가 보았던 나의 이 모습은 지극히 보기 어려운 것이다.
신들도 그대가 본 나의 모습을 보기를 갈망하고 있다. 52

경전 공부, 고행, 보시, 제시 등으로는
그대가 보았던 나의 그러한 모습은 볼 수 없다. 53

아르주나여,
흔들리지 않는 헌신을 통해서만 나와 하나 될 수 있고
나를 알고 나를 볼 수 있다. 54

나를 모든 행위의 궁극적인 목표로 삼고
행위의 결과에 집착하지 않고 행하는 자
그리고 모든 존재에 대해 원한이 없는 자는
나의 존재 속으로 들어와 나와 하나가 된다. 55

ॐ 4부. 전쟁에서 이기기 위하여 노력하면 무엇이 좋은가?

5부
전쟁에서 한 번 이기면 끝인가?

박티요가

12장의 내용

12장에서 크리슈나는 실재에 대한 믿음을 두려움 없이 받아들이게 된 아르주나에게 실재에 대한 믿음을 가지게 되었다고 해서 그것으로 만족해서는 안 된다는 사실을 일깨워준다. 그 믿음은 언제든지 다시 무너질 수 있으므로 행위를 하되 결과에 대한 집착을 버리며 행하고, 정신을 실재에 집중하며, 수행의 정신을 단순히 특정한 시기나 장소에서만이 아니라 삶 전체를 통틀어 강한 믿음 속에서 유지하는 것을 삶의 전 과정을 통하여 실행해야 한다고 당부한다.

생활 속의 『기타』 메시지

실재에 도달하기 위해서는 삶 전체가 수행의 과정이 되도록 해야 한다.
행위의 결과에 대한 집착을 버리고 마음에서 일어나는
갖가지 상념에 마음을 두지 않고 그 이면의 실재에 마음을 두어야 하며
'현상적인 삶은 허상이고 진짜는 따로 있다'는 믿음에
헌신하며 살아야 한다. 이러한 실천은 마음속에 진전이 느껴질 때까지
생활 속에서 늘 실천해야 하고, 진전이 느껴지더라도
실천을 멈춰서는 안 된다. 이러한 실천에 대한 회의가 오더라도
그러한 실천이 곧 실재에 대한 깨달음을 가져다준다는
굳은 믿음을 잃지 말아야 한다.

순조로운 이해를 위한 Tip

12장은 박티 요가가 소개되는 부분으로서 반복적으로 읽으면
기타의 메시지를 이해하는 데에 도움이 된다.
다음과 같은 구절부터 음미해보는 것도 좋다.

- 어떻게 살아야 하는가? 12:13~19
- 카르마 요가 12:11, 16
- 즈나나 요가 12:3~5
- 박티 요가 12:2, 2~9

12장. 전쟁에서 이기기 위한 노력에 평생 헌신해야 한다

| 아르주나 |

당신을 사랑하며
당신께 완전히 헌신하는 박티 요가 수행자와
당신을 무형의 영원한 실재로 여기고
정신적으로 당신을 찾는 즈나나 요가 수행자 중에
누가 더 흔들리지 않는 합일의 길을 가는 것입니까? 1

| 크리슈나 |

순수한 믿음으로 마음을 나에게 집중하고
흔들리지 않는 헌신의 길을 가는 것이
가장 완벽한 요가의 길이다. 2

그러나 감각기관과 마음을 제어하면서
이름도 없고 모양도 없으며 생각할 수도 없고 느낄 수도 없는
초월적인 실재를 찾으며 모든 존재의 행복을 추구하는
즈냐나 요가 수행자들 역시 나에게 이른다. 3~4

하지만 물질적인 육체를 가지고 있는 사람으로서
즈냐나 요가를 통하여 눈에 보이지 않는 진리를 찾는 것은
매우 어렵고 느리다. 5

그러나 나만을 목표로 삼고
모든 행위를 나에게 바치는 제물로 여기는 사람
한마음으로 나를 명상하며 나에게 헌신하는 사람은
태어남과 죽음이 반복되는 윤회의 바다를 쉽게 건널 수 있다. 6~7

그러므로 아르주나여,
그대의 마음과 생각을 다하여 나에게 몰두하라.
그러면 그대는 영원토록 나와 하나인 상태에 머물 것이다. 8

나에 대한 집중이 완벽하게 이루어지지 않는다면
다른 수행을 규칙적으로 하라. 9

규칙적인 수행에 대한 의지마저도 부족하다면
나를 위한 행위를 최고의 목표로 삼아라.

나를 위한 행위를 통해서도 완성에 이를 수 있다. 10

이것조차 행할 수 없다면 그대 자신을 나의 도구라고 생각하고
결과에 집착하지 않고 행위 하도록 노력하라. 11

기계적인 훈련보다는 지혜의 탐구가 낫고
지혜의 탐구보다는 명상이 나으며
명상보다는 결과에 집착하지 않는 포기가 훨씬 낫다.
행위의 결과에 집착하지 않고 행위하는 자는 평화를 얻는다. 12

아무도 미워하지 않고
누구에게나 친절하고 자비로운 사람,
나 또는 나의 것이라는 생각이 없으며
고통과 기쁨에 마음이 동요되지 않고
모든 것을 평등하게 바라보는 사람, 13

어떤 상황에나 만족하며
자신을 제어하고 굳은 믿음을 가진 사람,
마음과 생각 전체를 기울여 나에게 몰두하는 사람,
나는 이런 사람을 사랑하며
이런 사람이 나의 가장 가까운 친구이다. 14

이런 사람은 세상을 혼란스럽게 하지 않으며

세상 또한 이런 사람을 흔들지 못한다.

기쁨, 경쟁심, 두려움, 열망에서 멀리 벗어난 사람,

이런 사람은 나에게 사랑스러운 존재이다. 15

무슨 일을 하든지 결과에 집착하지 않고 행하는 순수한 사람,

무슨 일을 하든지 일에 얽매이지 않고

욕망에서 벗어나 행하는 사람을 나는 사랑한다.

이런 사람이 나에게 헌신하는 자이며

나는 이런 사람을 사랑한다. 16

기뻐하지도 미워하지도 않으며,

슬퍼하지도 무엇인가를 원하지도 않으며

좋고 나쁨을 떠나 마음이 오직 나에게만 향하는 사람,

이런 사람을 나는 사랑한다. 17

원수와 친구, 존경과 멸시를 하나로 보며

추위와 더위, 즐거움과 괴로움을

동일하게 여기는 사람을 나는 사랑한다. 18

비난과 칭찬을 동일하게 여기며 침묵하며

어떤 상황에도 만족하는 사람,

거주처에 대한 집착 없이 마음이 확고부동한 사람,

나는 언제 어디서나 나만을 바라보는 이런 사람을 사랑한다. 19

그러나 누구보다도 지금까지 말한
이 영원한 진리에 마음을 모으고
나를 삶의 목표로 삼고 온전한 믿음으로 따르는 사람은
나에게 가장 사랑스러운 존재이다. 20

6부
전쟁에서 이기는 것은 왜 어려운가?

형이상학적 이론

13장~14장의 내용

13장에서 크리슈나는 '밭'과 '밭을 아는 자'의 비유로 인간이 진상의 세계를 보는 것이 얼마나 어려운가를 설명한다. 밭은 육체를, 밭을 아는 자는 정신을 가리키는데, 여기에서 주의할 것은 우리가 흔히 정신이라고 생각하는 것들, 즉 감각, 지각, 인식, 기억, 분별, 판단 등도 모두 육체에 포함된다는 것이다. 밭을 아는 자인 '정신'은 육체와 정신이라는 일반적 구분을 넘어서 존재하는 개념이다. 밭은 프라크리티, 밭을 아는 자는 푸루샤로 칭해진다. 프라크리티의 구성

요소와 변화를 알고, 그 너머에 푸루샤가 존재함을 알기 시작할 때 진상의 세계로 한 발짝 내딛게 된다.

14장에서 크리슈나는 현상 세계의 모든 것들이, 하나의 근원인 푸루샤에서 나오는 것임에도 왜 현상 세계에서 펼쳐지는 모든 것들이 같지 않고 각양각색인지, 또한 사람의 행위나 인성이 왜 다른지를 프로크리티의 세 기운(구나)으로 설명한다. 구나에는 삿트바, 라자스, 타마스가 있다. 이 중에서 삿트바는 '밝고 순수하며 평화로운 기운'으로서 현상 세계에서 일반적으로 '좋은 것'으로 인식되는 것은 삿트바에서 나온다.

생활 속의 『기타』 메시지

인간이 진상의 세계를 보는 것이 어려운 이유는
육체의 작용에 인식이 가려 모든 것을 '내가' 주관한다고 생각하기 때문이다.
그러나 '나'라는 생각조차 육체적 작용일 뿐이고
이러한 육체적 작용을 주관하는 다른 인식이 존재함을 믿어야 한다.
현상의 세계에서 흔히 좋은 것, 덕목으로 인식되는 것은
절대적으로 좋은 것이 아니다.
오로지 인간의 '인식'이 그렇게 규정한 것이므로,
그것을 초월할 수 있어야 한다.

순조로운 이해를 위한 Tip

13장~14장은 인도철학의 형이상학적 이론에 대한 이해에 도움이 된다.
다음의 구절들은 형이상학적 이론의 내용을 간략하게 설명한다.

- 밭과 밭을 아는 자 13:5~10
- 프라크리티와 푸루샤 13:19~23
- 구나를 초월한 경지 14:21~27

13장. 인간의 육체적 기질이 그 안에 내재된 참자아를 가리기 때문이다

| 크리슈나 |

아르주나여,
이 육체를 '밭'이라고 하고
밭을 알고 경작하는 존재를 '밭을 아는 자'라고 한다. 1

아르주나여,
내가 곧 밭을 아는 자이다.
밭과 밭을 아는 자를 동시에 아는 것이 참다운 지혜이다. 2

밭이란 무엇인가?
밭은 어떤 성질을 가지고 있으며 그 성질은 어떻게 변화하는가?
밭을 경작하는, 밭을 아는 자는 누구이며
그에게는 어떤 능력이 있는가?

이제 이런 의문에 대하여 간략히 설명하겠다. 3

현자들은 저마다 자기 방식으로
밭과 밭을 아는 자를 노래하고 있다.
권위 있는 브라흐마 수트라에도
밭과 밭을 아는 자에 관한 설명이 있다. 4

아르주나여,
물질적인 원소, 감각기관, 감각대상
작용기관, '나'라는 생각, 기억능력, 분별능력
그리고 아직 물질로 나타나지 않은 에너지 등
이것으로 구성된 것이 밭이다. 5

욕망과 증오, 쾌락과 고통, 육체와 지성
의지의 다양한 형태 등이 밭의 변화이다. 6

밭의 구성요소와 그 변화를 아는 사람은
오만과 거짓에서 벗어난다.
비폭력, 용서, 정직, 순수, 스승에 대한 헌신 등이
그들의 특징이다. 7

그들은 내적인 힘을 가지고 있으며 자신을 잘 제어하고
감각대상과 자아의 욕망에 집착하지 않는다.

이러한 사람은 생로병사와 고통에 대한
깊은 통찰력을 가지고 있다. 8

밭의 구성요소와 그 변화를 아는 사람은
소유물에 대한 집착에서 벗어난다.
아내와 자식들에 대해서도 애착을 가지지 않는다.
이런 사람은 행운이나 불행을 평등한 눈으로 바라본다. 9

이들은 한결같은 마음으로 나에게 헌신하며
세상 사람들과 무리지어 어울리기보다는
한적한 곳에 홀로 있으면서
오직 나를 찾는 일에 몰두하는 것을 좋아한다. 10

이렇게 언제 어디서나
앎의 궁극적 목표인 참자아를 찾는 것이 참다운 지혜이다.
참자아가 아닌 다른 것을 구하는 것은 무지이다. 11

이제 그대에게 불멸에 이르는 지혜,
존재도 아니고 비존재도 아니면서
시작도 없는 브라흐만에 대하여 말해 주리라. 12

그는 모든 방향에 손과 발이 있고
모든 방향에 눈과 머리와 입이 있고

모든 방향에 귀가 있어서
세상 모든 것을 감싸며 존재한다. 13

그는 감각기관이 없지만 모든 감각대상을 인지한다.
그는 아무 것에도 집착하지 않지만 모든 것을 지탱하며
물질적인 성질이 없지만 모든 물질적인 성질을 향수한다. 14

그는 가까이 있으면서 동시에 멀리 있고
안에 있으면서 동시에 밖에 있으며
움직이면서 동시에 움직이지 않는다.
그는 이해를 넘어서는 존재이다. 15

그는 그 자체는 구분되지 않은 상태로 존재하지만
모든 존재 안에 구분된 상태로 있다.
그는 존재들을 지탱하는 유지자이며
존재들을 삼키고 지배하는 자이다. 16

그는 모든 존재의 가슴 속에 머물고 있다.
그는 모든 빛의 원천이다.
그는 어둠을 초월해 있다.
그는 모든 앎의 대상이며 목표이며 앎 그 자체이다. 17

지금까지 설명한 밭, 앎, 앎의 대상을 확실히 이해하라.

나를 섬기는 자는 이것을 이해함으로써 나의 상태에 이른다. 18

프라크리티와 푸루샤는 둘 다 시작이 없다.
물질의 세 성질과 변화는
모두 프라크리티에서 비롯된다. 19

프라크리티가
모든 행위의 원인이며 결과이며 행위자이다.
하지만 모든 쾌락과 고통의 향수자는 푸루샤이다. 20

푸루샤는 프라크리티 안에 머물면서
프라크리티에서 비롯된 구나의 활동을 지켜보며 경험한다.
구나의 활동에 대한 집착이
선과 악의 세상에의 탄생의 원인이 된다. 21

육체 안에 머물고 있는 지고한 푸루샤는
지켜보는 자이며 인도하는 자이다.
그는 향수하는 자이며 지탱하는 자이다.
그가 곧 지고한 참자아이며 대주재자이다. 22

푸루샤와 프라크리티와 구나의 본성과 변화를 이해한 사람은
그가 선택한 길이 어떤 길이냐에 관계없이
윤회의 굴레에서 벗어난다. 23

어떤 이들은 명상수행을 통하여
어떤 이들은 지혜의 길을 감으로써
어떤 이들은 순수한 행위의 길을 감으로써
자기 내면의 참자아를 깨닫는다. 24

또 어떤 이들은 이런 길을 전혀 모른 채
깨달은 스승의 가르침을 듣고 따르기만 하지만
이들도 역시 죽음의 바다를 건넌다. 25

아르주나여,
움직이는 것이나 움직이지 않는 것이나 존재하는 모든 것은
프라크리티와 푸루샤,
즉, 밭과 밭을 아는 자의 결합으로 이루어진 것이다. 26

모든 존재들 속에 평등하게 머물며
그들이 소멸되더라도 소멸되지 않는
지고한 주님을 보는 사람이 진정으로 보는 자이다. 27

모든 존재들 속에 동일한 주님이 계신 것을 보는 사람은
자신을 죄인으로 정죄하지 않고
지고한 목표에 도달한다. 28

모든 행위는

물질적인 성질의 변화에 따라 일어나는 것이며
참자아 주인공은 행위자가 아님을 아는 사람이
참으로 보는 사람이다. 29

모든 존재들의 근원은 하나이며
그 하나의 근원에서 만물이 전개되어 나옴을 보는 사람은
지고한 브라흐만의 경지에 이르게 된다. 30

참자아 주인공은 시작도 없고
성질의 변화도 없고 끝도 없다.
아르주나여,
참자아 주인공이 몸속에 머물고 있지만
그는 어떤 행위도 하지 않으며
어떤 행위에도 영향을 받지 않는다. 31

공기가 허공 중에 편재해도
그것의 미세함 때문에 더럽혀지지 않듯이
자아는 육신에 거하지만
어디에서도 더럽혀지지 않는다. 32

하나의 태양이 온 세상을 비추듯이
참자아 주인공은 물질 세계 전체를 비춘다. 33

지혜의 눈이 열린 사람은
밭과 밭을 아는 자를 혼동하지 않고
프라크리티의 구속에서 벗어나
지고한 경지에 이른다. 34

14장. 사람마다 육체적 기질이 다르므로 참자아에 도달하는 정도도 다르다

| 크리슈나 |

아르주나여,
이제 그대에게 최고의 지혜를 말해 주리라.
모든 현자들은 이것을 알고 궁극적인 완성에 이르렀다. 1

이 최고의 지혜를 성취한 사람은 나와 하나 되어
태어남과 죽음을 초월하여 영원히 현존한다. 2

아르주나여
브라흐만은 나의 자궁이다.
나는 그 안에 씨를 넣는다.
그리하여 모든 존재가 출현한다. 3

이 세상의 모든 존재는
자궁에서 태어나며
내가 씨를 뿌리는 아버지이다. 4

삿트바, 라자스, 타마스라는 물질의 세 성질은
불멸의 자아를 육체 속에 가두어 놓는다. 5

삿트바는 밝고 순수하며 평화로운 기운이다.
그러나 삿트바에서 비롯되는 행복과 지혜에 대한 집착은
정신을 육체에 속박 당하게 한다. 6

라자스는 욕망과 집착에서 생기는 격정적인 기운이다.
라자스의 격정적인 활동으로 말미암아
육체의 소유주인 참자아가 미혹에 갇힌다. 7

타마스는 무지에서 비롯되는 어두운 기운이다.
타마스의 어두운 힘으로 말미암아
육체의 소유주인 참자아가 미혹에 갇힌다.
모든 존재들이 이 기운으로 말미암아
둔함과 게으름의 잠에 빠진다. 8

아르주나여,
삿트바는 그대를 행복에 집착하게 하고

라자스는 그대를 활동으로 몰아넣으며
타마스는 그대의 지혜를 덮어 미혹에 빠지게 한다. 9

어떤 때는 삿트바가 라자스와 타마스를 제압한다.
어떤 때는 라자스가 삿트바와 타마스를 제압한다.
어떤 때는 타마스가 라자스와 삿트바를 제압한다. 10

삿트바의 밝고 고요한 기운이 우세할 때는
육체의 모든 세포가 지혜의 빛으로 밝아진다. 11

라자스의 활동적인 기운이 우세할 때는
이기적인 욕망과 집착, 불안 등으로 인해
끊임없이 활동으로 내몰린다. 12

타마스의 어두운 기운이 우세할 때는
무지와 혼란과 게으름과 망상에 빠진다. 13

죽음의 길을 가는 사람에게
삿트바의 밝고 고요한 기운이 우세하면
그는 현자들이 사는 순수한 곳으로 간다. 14

라자스의 활동적인 기운이 우세하면
그는 행위가 지배하는 세상에 태어난다.

타마스의 어두운 기운이 우세하면
그는 무지한 존재의 자궁으로 들어간다. 15

선한 행위는 삿트바의 열매이며
고통은 라자스의 열매이고
무지는 타마스의 열매이다. 16

지혜는 삿트바에서 생기고
탐욕은 라자스에서 생기며
무지와 혼란과 미망은 타마스에서 생긴다. 17

삿트바에서 사는 사람은 위에 있는 세계로 가고
라자스에서 사는 사람은 이 세상에 다시 태어나며
타마스에서 사는 사람은 아래에 있는 세계로 간다. 18

지혜가 있는 사람은
모든 행위가 세 가지 기운의 활동임을 안다.
그러나 물질 차원의 세 기운의 너머에 있는 것을 아는 사람은
나의 상태에 이른다. 19

육체에서 비롯되는 물질의 세 가지 기운을 초월하는 사람은
생, 노, 병, 사의 수레바퀴에서 벗어나
불멸의 자유를 얻는다. 20

| 아르주나 |

오, 크리슈나여!
물질 차원의 세 기운을 초월한 자의 특징은 무엇입니까?
그는 어떻게 살아가며 어떻게 행동합니까?
그리고 어떻게 해야 물질 차원의 세 기운에서
벗어날 수 있는 것입니까? 21

| 크리슈나 |

물질 차원의 세 기운을 초월한 사람은
밝으면 밝은 대로 놔두고
활동적이면 활동적인 대로 놔두며
어두우면 어두운 대로 놔둔다.
어떤 상태를 싫어하거나 갈구하지 않는다. 22

그는 멀리서 바라보고 있는 구경꾼처럼
물질의 기운들이 활동하고 있는 것을 그저 바라보기만 하고
흔들리지 않는 상태로 머물러 있다. 23

그는 괴로움과 즐거움을 하나로 보며
흙덩이와 돌과 황금을 똑같은 것으로 여긴다.
그는 칭찬을 들어도 기뻐하지 않고
비난을 받아도 화를 내지 않는다. 24

그는 명예와 불명예를 동등하게 보고
친구와 적을 똑같이 여기며
인위적인 행위를 꾀하지 않는다.
이런 사람을 물질 차원의 기운을 초월한 자라고 한다. 25

끊임없는 박티 요가로
오직 나에게만 마음을 바치는 사람은
물질 차원의 세 기운을 초월하여 브라흐만의 차원에 이른다. 26

나는 브라흐만의 뿌리이며
결코 사라지거나 변하지 않는 영원한 진리이며
유일한 행복의 근원이기 때문이다. 27

7부
어떻게 살아야 하는가?

실천에 대한 굳은 서약

15장~18장의 내용

15장에서부터 18장까지는 앞에서 설명된 내용이 지속해서 반복되며 제시된다. 2장부터 14장까지 제시된 내용을 표현을 달리해 율동적으로 반복하여 제시함으로써 '실재'에 대한 이해를 심화시킨다.

17장에서 크리슈나는 믿음, 음식, 제사, 고행, 보시를, 18장에서는 포기, 인식, 행위, 지성, 의지를 세 가지 구나(삿트바, 라자스, 타마스)에 따라 구분하고 삿트바적 성격을 가진 것을 가장 좋은 것으로 설명한다. 이것은 세 가지 구나 자체를 초월해야 한다는(가장 좋은 삿트바마저도 초월해야 한다는) 14장의 설명과 다소 배치된다.

생활 속의 「기타」 메시지

• 살아가는 동안 자신에게 주어진 의무를 성실히 수행하라.
주어진 의무를 성실히 수행하되 결과에 대한
집착을 버리고 대가 없이 행하라.
• 현상의 세계에서 우리가 경험하는 것은 전부가 아니고 허상이며
그 너머에 진상의 세계가 있음을 믿어라.
• 일상의 삶 속에서 자신이 하는 생각, 말, 행위가
모두 진상의 세계로 가는 수행의 과정임을 명심하고
그 수행에 매 순간 헌신하라.

순조로운 이해를 위한 Tip

다음과 같은 구절부터 음미해보는 것도 좋은 방법이다.
• 참자아를 깨닫기 위하여 실천해야 할 것
15:3~4, 16:1~3, 21~22, 18:5~6, 65~66
• 참자아를 깨닫기 위하여 하지 말아야 할 것 16:7~19
• 참자아와 하나 된 경지 15:5~6, 18:50~56

15장. 감각의 즐거움을 무집착의 도끼로 과감히 잘라내라

| 크리슈나 |

현자에 의하면 불멸의 보리수는
그 뿌리는 위를 향해 있고 가지는 아래로 두고 있다.
그 잎은 베다의 노래요,
그것을 아는 이는 베다를 아는 이니라. 1

그 가지는 아래위로 뻗어 있으며
물질세계의 세 가지 구나를 섭취하면서
감각의 대상에 의하여 그 싹을 내며
뿌리는 인간 세상의 행위와 얽혀 있다. 2

이 세상에서 그것의 형상은 그 끝도 시작도 지속도 보이지 않는다.
그대는 무성하게 뿌리를 내리고 있는 이 나무를

단단한 무집착의 도끼로 잘라 내야 한다. 3

그러고 나서 한번 가면 다시 되돌아오지 않을 경지를 찾아야 한다.
모든 행위와 에너지의 발원지인
그 원초적 정신에 귀의할 것을 다짐하면서. 4

헛된 자만심과 망상에서 벗어난 사람
이기적인 욕망과 집착에서 벗어난 사람
기쁨과 고통의 대립을 넘어선 사람
그리하여 어디에도 미혹되지 않고
항상 참자아 안에 머무는 사람은
영원한 목표에 이르게 될 것이다. 5

해도 달도 불도 그것을 비추지 못한다오.
한 번 가면 되돌아오지 않을 그 곳이 나의 영원한 집이다. 6

모든 영혼 속에 깃들어 있는 참자아는
나누어질 수 없는 나의 영원한 부분이다.
이 나의 영원한 부분이 육체 속에 머무는 동안
나는 감각과 마음의 속박을 받는 것처럼 보인다. 7

바람이 이곳에서 저곳으로 향기를 퍼뜨리는 것처럼
나는 이 육체에서 저 육체로 옷을 갈아입는다. 8

나는 이런 식으로 개체의 영혼이 되어
마음과 눈과 귀와 코와 혀와 피부를 통해 감각의 대상을 즐긴다. 9

망상에 사로잡힌 사람은
육체 속에 머물면서 감각의 대상을 즐기는 나를 감지하지 못한다.
또 감각의 대상을 즐기다가
육체를 벗고 떠나는 나를 감지하지 못한다.
하지만 지혜의 눈이 열린 사람은 나를 감지한다. 10

요가의 길에서 정진하는 수행자들은
자신 속에 머물고 있는 참자아를 본다.
하지만 무지하고 게으른 사람은
아무리 애써도 참자아를 발견하지 못한다. 11

이 세상을 밝게 비추는 해와 달과 모든 불빛은
나에게서 비롯된 것임을 알라. 12

나는 대지에 스며들어 활력으로 모든 존재를 유지시키며
생명의 물을 내려 주는 달의 신이 되어
모든 약초를 키운다. 13

나는 모든 존재의 호흡 속에 들어가 생명을 주는 숨이 된다.
나는 음식을 소화시키는 위장 속의 불기운이다. 14

나는 모든 존재들의 심장에 자리하여
그들에게 기억과 지혜를 주고 미망을 제거한다.
나는 모든 베다를 통해 알려지고
나는 베단타를 만든 자이며 베다를 아는 자이다. 15

이 세상에는 두 종류의 존재가 있다.
하나는 소멸되어 없어지는 존재이고
다른 하나는 영원한 존재이다.
물질로 된 육체는 소멸되어 없어지는 존재이고
거기에 깃들어 있는 정신은 영원한 존재이다. 16

하지만 이 둘을 초월한 가장 높은 존재는 참자아이다.
참자아 주인공은 온 우주에 충만하게 침투해 있으며
만물을 양육하고 지탱하는 영원한 주님이다. 17

나는 모든 경전이 최상의 존재로 찬양하는
생멸과 불멸을 초월한 참자아이다. 18

그러므로 아르주나여,
나를 깨달은 사람은 전지한 자이다.
그들은 마음을 다 바쳐 나를 신애한다. 19

아르주나여,

나는 그대에게 가장 깊은 진리를 전해 주었다.
이 가르침을 깨닫는 사람은 지혜를 얻는다.
그러면 그는 자신의 모든 의무를 완수한 것이다. 20

16장. 욕망과 분노와 탐욕을
과감히 버려라

| 크리슈나 |

아르주나여,

두려워하지 말라. 마음을 깨끗하게 지켜라.

즈나나 요가의 길에서 흔들리지 마라.

베풀어라. 절제하라.

신을 섬겨라. 경전을 탐구하라.

집착을 버리고 진리를 추구하라.

분노하거나 해치지 마라.

모든 존재를 자비로움으로 대하라.

욕심을 부리지 말고 선을 행하라.

강인한 정신력과 인내심과 순결함을 키워라.

원한을 품지 마라. 자만심을 버리고 겸손하라.

그러면 그대의 신적인 성품이 완성될 것이다. 1~3

아르주나여
위선과 오만과 편견, 분노와 잔인함과 무지
이런 것들은 사람을 악마적 차원으로 떨어뜨린다. 4

신성한 생명은 해탈로 악마적 속성은 속박으로 이끈다.
아르주나여, 그대는 신성을 가슴에 안고 태어났으니
슬퍼하지 마라. 5

아르주나여,
어떤 사람은 신적인 길을 따라 살아가고
어떤 사람은 악마적인 길을 따라 살아간다.
신적인 길은 이미 말하였으니 악마적인 길에 대하여 말하겠다. 6

악마적인 길을 가는 사람은
마땅히 해야 할 일은 하지 않고 하지 말아야 할 일을 열심히 한다.
그들은 무엇이 옳고 무엇이 순수한 것이며
무엇이 진리인지를 모른다. 7

그들은 신이 없다고 말한다.
진리도, 영적인 법칙이나 질서도 없다고 말한다.
세상 만물은 욕망에 의해 우연히 태어난 것일 뿐이라고 말한다. 8

이러한 견해를 고집하면서

자기가 아는 부분적인 지식을 최고로 여기면서
이 세상을 고통과 파멸로 몰아넣는 짓을 서슴없이 행한다. 9

그들은 위선과 자만심과 오만에 사로잡혀있다.
그들은 부질없는 망상에 빠져 살고 있다.
그들의 탐욕은 끝이 없다. 10

그들은 만족할 줄 모르고 이기적인 욕망을 추구한다.
그들은 감각적인 즐거움을 최고라고 생각하며
죽는 날까지 갈망에서 벗어나지 못한다. 11

그들은 수만 가지 갈망의 올가미에 걸려
탐욕과 분노의 힘에 내몰린다.
욕망의 충족을 위해 재물을 모으는 데 집중한다. 12

그들은 이렇게 생각한다.
'나는 지금 이것을 얻었고 이 소원을 성취할 것이다.
이것은 내 것이고 이 재물은 나의 것이 될 것이다.' 13

'나는 나의 적을 없애 버렸다. 내일은 다른 적을 없애 버릴 것이다.
내가 내 인생의 주인이다.
나는 원하는 것을 내 마음대로 즐길 수 있다.
나는 성공했고 힘이 있으며 행복하다.' 14

'나는 부유하고 고귀한 집안의 출신이다. 나와 견줄 자는 없다.
나는 제사를 올릴 것이며 보시를 행할 것이며 즐거울 것이다.' 15

이렇게 탐욕의 올가미에 묶이고 망상의 거미줄에 걸린 사람은
탐욕을 좇다가 마지막에는 어두운 지옥에 떨어진다. 16

그들은 자만심이 강하고 완고하며 돈이 있다고 우쭐해 한다.
제사를 드려도 제사의 참뜻과는 전혀 관계없이
남에게 보이려고 할 뿐이다. 17

그들은 이기심과 폭력과 오만,
그리고 탐욕과 분노로 자신을 채움으로써
자기 속에, 그리고 다른 존재들 속에
머물고 있는 나를 욕되게 한다. 18

나는 이 가증스럽고 잔인하고 더러운 인간들을
악마의 자궁 속으로 던져 놓는다. 19

아르주나여,
저들은 어두운 악마의 자궁 속으로 들어가
생을 거듭할수록 더욱 미혹되어 나에게 이르지 못하고
어두운 삶만을 반복하게 된다. 20

욕망과 분노와 탐욕은
스스로를 파멸의 지옥으로 던져 넣는 세 가지 문이다. 21

아르주나여,
그대는 이 세 가지 문을 버리도록 하여라.
지옥에 이르는 이 세 가지 문을 피하여
깨달음을 추구하며 지고한 목표에 도달하라. 22

경전의 가르침을 무시하고 이기적인 욕망을 따라 사는 사람은
삶의 목표에 도달하지 못하고 진정한 행복도 맛보지 못한다. 23

그러므로 경전의 가르침을 따라
해야 할 것과 하지 말아야 할 것이 무엇인지 정확히 분별하라.
그런 다음 그 가르침대로 행동하라. 24

17장. 제사와 고행과 자선을 어떤 대가도 바라지 않고 행하라

| 아르주나 |

오, 크리슈나여,
경전의 가르침대로 살지는 않지만
나름대로 믿음을 가지고 제사를 지내는 사람들은
결국에는 어떻게 됩니까?
밝음, 격정, 어두움 가운데 그들은 어디에 속합니까? 1

| 크리슈나 |

인간의 믿음에는 세 가지 종류가 있다.
밝고 고요한 기질에서 비롯되는 믿음,
격정적인 기질에서 비롯되는 믿음,
어두운 기질에서 비롯되는 믿음이다. 2

아르주나여,

믿음은 그 사람의 기질을 닮는다.

사람의 특성은 그가 가지고 있는 믿음의 특성이다.

그 사람의 믿음, 그것이 바로 그다. 3

기질이 밝고 고요한 사람은 신을 숭배한다.

기질이 격정적인 사람은 부와 권력을 숭배한다.

기질이 어두운 사람은 귀신을 섬긴다. 4

어떤 사람은 가혹한 고행을 하기도 한다.

하지만 위선과 이기심으로 행하는 고행은 육체만 괴롭히는 것이며

몸 안에 머물고 있는 나를 괴롭히는 행위이다. 5

야망에 휩싸인 채 갖가지 고행을 하는 자들은

생각하고 행동하는 것이 악마와 같다. 6

음식, 제사, 고행, 보시도 모두 세 가지 종류가 있다.

이것에 대하여 말하겠다. 7

기질이 밝고 고요한 사람은

부드럽고 신선하고 제 맛이 살아있는 음식을 좋아한다.

이들은 활기를 돋우고 기운을 맑게 하며

건강을 증진시키는 음식을 좋아한다. 8

기질이 격정적인 사람은
짜거나 매운 자극적인 음식을 좋아한다.
이런 음식은 고통과 병의 원인이 된다. 9

기질이 어두운 사람은
타거나 상하거나 신선하지 않은 음식을 좋아한다.
이들은 대체로 제 맛을 잃어버린 음식을 좋아한다. 10

기질이 밝고 고요한 사람은
대가를 바라지 않고 오직 경전의 가르침에 따라
순수한 마음으로 제사를 드린다. 11

기질이 격정적인 사람은
좋은 결과를 기대하는 마음으로
또는 남에게 보이기 위하여 제사를 드린다. 12

기질이 어두운 사람은
규범을 어기고 신성한 제물도 바치지 않으며
주문도 없고 믿음도 없는 제사를 드린다. 13

신과 지혜로운 사람과 영적인 스승을 섬기는 것,
청결함과 단순함과 절제와 비폭력,
이것이 몸의 고행이다. 14

위로하는 말과 진실한 말을 하는 것,
친절하고 유익한 말을 하는 것,
규칙적으로 경전을 낭독하는 것,
이것이 말의 고행이다. 15

고요함과 부드러움과 침묵을 지키는 것,
자기를 제어하고 순수한 마음을 가지는 것,
이것이 마음의 고행이다. 16

기질이 밝고 고요한 사람은
지극한 믿음으로 결과에 대하여 집착하지 않고
이 세 가지 훈련을 한다. 17

기질이 격정적인 사람은
다른 사람에게 보이기 위하여
또는 칭찬을 받기 위하여 고행을 한다.
그들의 고행은 불안정하며 지속성이 없다. 18

기질이 어두운 사람은
자신을 괴롭히기 위하여
또는 다른 사람들 파멸시키기 위하여 고행을 한다. 19

기질이 밝고 고요한 사람은

대가를 바라지 않고 당연히 베풀어야 한다는 생각으로 베푼다.
그들은 적절한 상황에서 적절한 사람에게 도움을 준다. 20

기질이 격정적인 사람은
대가를 기대하면서 마지못해 자선을 베푼다. 21

기질이 어두운 사람은
때와 장소가 적절치 못한 상황에서 적절하지 않은 사람에게
존중하는 마음도 없이 자선행위를 한다. 22

'옴' '타트' '사드' 이 세 개의 음절은 브라흐만을 가리키는 말이다.
이 세 음절로 표현되는 브라흐만에서
사제와 경전과 제사의식이 나왔다. 23

그러므로 베다의 가르침을 따르는 이들은
제사와 수행과 자선을 시작할 때 '옴'을 음송한다. 24

오직 해탈을 추구하며 어떤 대가도 바라지 않고
제사와 고행과 자선을 행하는 이들은
그런 행위를 하는 도중에 '타트(tat)'를 음송한다. 25

'사드(sat)'는 '실재'라는 뜻과 '선(善)'이라는 뜻을 함께 가지고 있다.
그러므로 '사드'는 올바른 행위를 가리키기도 한다. 26

제사와 고행과 자선을 흔들리지 않고
행하는 것도 '사드'라고 하며
제사와 고행과 자선에 어울리는
다른 모든 행위도 '사드'라고 한다. 27

그러나 아르주나여,
믿음이 없이 행하는 제사와 고행과
자선은 '아사드(asat)'라고 한다.
'아사드'는 아무 것도 아니라는 뜻이다.
'아사드'는 이 세상에서나 저 세상에서나 아무 쓸모가 없다. 28

18장. 마음을 항상 참자아에 두고 평생 헌신하라

| 아르주나 |

오, 크리슈나시여,
포기는 무엇이며 단념은 무엇입니까?
포기와 단념은 다른 행위와 어떻게 다릅니까? 1

| 크리슈나 |

욕망에 종속된 모든 행위를 버리는 것이 포기이며
행위의 결과에 집착하지 않는 초연함이 단념이다. 2

어떤 사람들은 행위는 본디 악한 것이니
모두 버려야 한다고 말한다.
어떤 사람들은 제사와 보시와 고행은

버리지 말아야 한다고 말한다. 3

아르주나여, 잘 들어라.
내 이제 그대에게 세 가지 종류의 단념에 대해서 말해 주겠다. 4

제사와 보시와 고행은 결코 버려서는 안 된다.
이 세 가지 행위는 영혼을 정화시킨다. 5

그러나 아르주나여,
이러한 행위들도 집착을 버리고
대가를 바라지 않는 마음으로 행하여야 한다.
이것이 가장 중요하다. 6

행위를 포기하는 것은 옳은 일이 아니다.
행위를 포기하는 것은 미망에 사로잡힌 결과이며
그것은 타마스에서 비롯된다. 7

단지 두렵거나 귀찮아서 행위를 포기하는 것은
라자스에서 비롯되는 것이다.
이런 식의 포기로는 초월의 경지에 이르지 못한다. 8

주어진 일을 의무로 알고 결과에 대한 집착을 버리고 행하는 것은
삿트바에서 비롯된다. 9

삿트바에서 비롯되는 포기로 가득찬 자는
싫어하는 일이라고 해서 꺼리지 않으며
좋아하는 일이라고 해서 집착하지도 않는다. 10

육체를 가지고 있는 인간이
행위를 완전히 포기하는 것은 불가능하다.
진정한 포기는 행위의 결과에 대한 집착을 포기하는 것이다. 11

행위의 결과를 기대하는 사람은
즐거움과 괴로움, 또는 그 중간, 이 세 가지를 맛본다.
그러나 행위의 결과에 대한 집착을 포기한 사람은
초월적인 자유를 누린다. 12

아르주나여, 잘 들어라.
이제 나는 그대에게 상키야 교리에서 가르치고 있는
행위를 구성하는 다섯 가지 요소를 설명해주겠다. 13

육체, 감각기관, 기운, 감각기관의 활동, 신적인 의지,
이 다섯 가지가 모든 행위를 구성하는 요소들이다. 14

옳은 행동이든 그른 행동이든
생각과 말과 행위는 모두 이 다섯 가지 요소로 이루어진다. 15

행위의 이러한 성격을 이해하지 못하는 사람은
진실을 보지 못하고 자신을 행위자라고 생각한다. 16

스스로 나라는 생각이 없고 그 마음이 더럽게 물들지 않은 사람은
비록 사람을 죽인다고 하더라도 죽이는 것이 아니며
그로 인하여 얽매이거나 구속받지 않는다. 17

인식과 인식의 대상과 인식의 주체,
이 구분에 의하여 행위는 재촉되며
감각기관, 행위자, 행위 그 자체,
행위는 이 세 가지로 구분되어 파악된다. 18

물질의 세 가지 기운의 차이에 따라
인식과 행위와 행위자는 그 성격이 달라진다.
이제 그것이 어떻게 다른지 말해주겠다. 19

모든 존재 속에서 불멸하는 하나의 실재를 보며
분리되어 있는 만물 속에서 분리되지 않은 통일성을 보는 것,
이것이 삿트바에서 비롯되는 인식이다. 20

만물을 서로 분리되어 있는 개체로 인식하는 것,
이것은 라자스에서 비롯되는 인식이다. 21

아무런 근거도 없이 아주 작은 부분을 전체로 아는 것,
이것은 타마스에서 비롯되는 인식이다. 22

결과에 대한 집착 없이 좋아하지도 싫어하지도 않는 마음으로
묵묵히 자신의 의무를 행하는 것
이것은 삿트바에서 비롯되는 행위이다. 23

욕망을 충족시키기 위하여 또는 자신의 뜻을 관철시키기 위하여
있는 힘을 다하여 노력하는 것
이것은 라자스에서 비롯되는 행위이다. 24

행위의 결과로 오게 될 손실이나
다른 사람이 받을 고통이나 상처를 고려하지 않고 행동하는 것,
이것은 타마스에서 비롯되는 행위이다. 25

집착에서 벗어나 자기를 내세우지 않는 사람
성공과 실패를 동일하게 여기는 사람은
삿트바적 행위자이다. 26

욕망을 가지고 행위의 결과를 바라며
순수하지 않은 마음을 가지고 행복과 불행에 웃고 우는 사람은
라자스적 행위자이다. 27

자신을 전혀 제어하지 못하는 사람
저속하고 완고하고 남을 속이는 사람
게으르고 낙담을 잘하며 매사를 질질 끄는 사람은
타마스적 행위자이다. 28

아르주나여, 잘 들어라.
내 이제 그대에게 물질의 세 가지 기운에 따라
서로 다르게 나타나는 세 종류의
지성과 의지에 대하여 말해 주겠다. 29

행하는 것과 행하지 않는 것
안전한 것과 안전하지 않은 것
자유로운 것과 속박 당하는 것을 아는 것은
삿트바에서 비롯되는 지성이다. 30

옳은 것과 그른 것을 구별하지 못하는 것
해야 할 것과 하지 말아야 할 것을 구별하지 못하는 것
이것은 라자스에서 비롯되는 지성이다. 31

미망에 가려져
옳은 것을 그른 것으로, 그른 것을 옳은 것으로 여기며
모든 것을 왜곡해서 아는 것은
타마스에서 비롯되는 지성이다. 32

마음과 호흡과 감각기관을 잘 다스리는 것
이것은 삿트바적 의지에서 비롯되는 것이다. 33

행위의 결과에 집착하여
부와 쾌락과 명예를 추구하는 것은
라자스적 의지에서 비롯되는 것이다. 34

잠, 두려움, 슬픔, 낙심, 교만을 버리지 못하는 것은
타마스적 의지에서 비롯되는 것이다. 35

아르주나여, 잘 들어라.
내 이제 그대에게 물질의 세 가지 기운에 따라
서로 다르게 나타나는 세 가지 행복에 대하여 말해 주겠다.
이것을 알고 훈련하면 그대의 고통은 끝나리라. 36

삿트바에서 비롯되는 행복감은
처음에는 독약처럼 쓰지만 마지막에는 감로처럼 달다.
그것은 참자아에 대한 깨달음과 지혜의 청정함에서 생긴다. 37

라자스에서 비롯되는 행복감은
처음에는 감로처럼 달지만 마지막에는 독약처럼 쓰다.
그것은 감각과 그 대상의 접촉에서 생긴다. 38

타마스에서 비롯되는 행복감은
수면, 무지, 게으름, 방만에서 온다.
이런 행복감은 처음부터 끝가지 자아를 미혹시킨다. 39

땅에 있는 존재나 하늘에 있는 신들이나
물질의 세 기운에서 자유로운 존재는 하나도 없다. 40

사람은 타고난 기운에 따라
브라흐만, 크샤트리아, 바이샤, 수드라로 구분된다. 41

브라흐만 기질을 가지고 태어난 사람에게는
자기절제, 고요, 순결한 가슴, 인내,
겸손, 진리추구, 고행, 지혜, 믿음 등을
완성할 의무가 주어져 있다. 42

크샤트리아 기질을 가지고 태어난 사람에게는
용기, 힘, 꿋꿋함, 민첩함, 관대함, 지도력,
그리고 전쟁에서 물러나지 않는 결단력 등을
완성할 의무가 주어져 있다. 43

바이샤 기질을 가지고 태어난 사람에게는
농사, 목축, 상업 등을 성공시켜야 할 의무가 주어져 있으며
수드라 기질을 가지고 태어난 사람에게는

다른 사람을 섬기며 봉사할 의무가 주어져 있다. 44

누구나 자신의 기질에 따라
자기에게 주어진 의무에 충실함으로써 완성에 이를 수 있다. 45

모든 존재 속에 머물고 있는 창조주를 섬기며 예배하는 사람은
완전한 경지에 도달한다. 46

자기의 의무가 아닌 일을 잘 하는 것보다
자신의 의무에 충실한 편이 낫다.
자기의 의무를 완성한 사람은 죄과를 얻지 않는다. 47

인간의 모든 행위는
타는 불이 연기에 뒤덮여 있듯이 결함으로 뒤덮여 있다.
그러므로 자신에게서 부족한 점이 발견된다 하더라도
결코 의무를 포기해서는 안 된다. 48

자기 자신과 욕망을 극복하고 이기적인 집착에서 벗어난 사람은
행위의 구속에서 완전히 벗어난다. 49

이르주나여, 잘 들어라.
내 이제 그대에게
어떻게 브라흐만의 경지에 도달할 수 있는지를 설명해 주겠다. 50

순수한 지성의 분별력을 가지고 있는 사람,
감각과 욕망을 다스리는 사람,
탐욕과 미움의 감정에서 벗어난 사람, 51

고요한 곳에서 명상적인 삶을 사는 사람,
몸과 마음과 말을 제어하는 사람, 52

나라는 의식, 오만함, 분노, 소유욕, 이기심을 버리고
평화로운 상태를 유지하는 사람은
브라흐만과 하나 된 이들이다. 53

브라흐만과 하나 된 사람은
자아에 만족하여 슬퍼하지도 않고 갈구하지도 않는다.
이들은 모든 존재를 평등하게 보며
자신의 모든 것을 나에게 바친다. 54

이들은 나를 사랑함으로써 내가 누구인지 진실로 알고
나의 세계로 들어온다. 55

이들은 어떤 행위를 할지라도 항상 나를 의지하며
나의 은총으로 영원한 집으로 들어온다. 56

아르주나여,

마음으로 모든 행위를 나에게 맡기고
내면의 수행을 통해 늘 나에게 마음을 집중하라. 57

마음을 나에게 두는 자는
나의 은총으로 모든 어려움을 극복하리라.
그러나 나라는 생각에 사로잡혀 나를 거부한다면
파멸에 이를 것이다. 58

만약 그대가 그대의 생각만을 고집하여
'나는 싸우지 않겠다'라고 결심한다면 그것은 그릇된 것이다.
그대의 본성이 그대에게 명할 것이다. 59

그대가 무지 때문에 그대가 해야 할 일을 하지 않으려고 해도
그대의 타고난 본성의 힘이 그대를 행위의 세계로 내몰 것이다. 60

아르주나여,
모든 존재의 가슴 속에 머물고 계신 주는
모든 존재를 환술로 움직이게 한다. 61

온 힘을 다해 그에게 귀의하라.
그러면 그의 은총으로 궁극적인 평화를 얻으리라. 62

그대는 지극한 지혜의 가르침을 들었다.

나에게 들은 것을 깊이 생각해 보고,
그 다음에는 원하는 대로 행하여라. 63

사랑하는 자여,
그대는 나에게 정말 사랑스러운 존재이다.
이제 그대의 영적인 완성을 위하여 마지막으로
그대에게 유익한 가르침을 전해 주겠다. 64

언제 어디서나 나만 생각하고 나만 섬겨라.
그대의 모든 행위를 나에게 바치는 제물로 여겨라.
그러면 그대는 나에게 이를 것이다.
이것은 사랑하는 그대에게 주는 약속이다. 65

종교의식이나 경전이나 그밖에 의지하는 모든 것을 버리고
오직 나에게만 의지하라.
그러면 그대는 모든 죄악에서 벗어날 것이다.
다시는 슬퍼하는 일이 없을 것이다. 66

나의 이 가르침을
나에게 헌신하는 마음이 없고
나를 비방하는 자에게 말하지 말라. 67

이 최고의 비밀은

나를 사랑하는 자에게만 전해 주어라.
나를 사랑하는 이가 이 가르침을 들으면
그는 의심하지 않고 바로 나에게 올 것이다. 68

이 가르침을 전해 주는 사람은
나에게 지극히 사랑스러운 존재이다.
그보다 더 잘 나를 섬기는 사람은 없을 것이다. 69

이 성스러운 가르침에 대하여 명상하는 것은
지혜와 헌신으로 나에게 예배하는 것이다. 70

신심을 지니고 불평 없이
나의 가르침을 받아들이는 사람은 모든 굴레에서 벗어나
선한 영혼들이 거하는 아름다운 세계로 들어갈 것이다. 71

아르주나여,
나의 가르침을 주의 깊게 들었는가?
무지에서 비롯된 그대의 망상이 제거되었는가? 72

| 아르주나 |

예, 당신께서 저의 의심과 망상을 몰아내셨습니다.
당신의 은총으로 올바른 지각을 얻었습니다.

이제 저의 믿음은 확고해졌습니다.
당신의 뜻을 따르겠습니다. 73

| 산자야 |

왕이시여,
지금까지 말씀드린 것이
위대한 두 영혼 크리슈나와 아르주나가 나눈 이야기입니다.
저는 이들의 감동적인 대화를 들었습니다.
저는 현자 뱌사하의 은총으로
요가의 주님, 크리슈나의 입으로부터 지고한 비밀을 들었습니다.
왕이시여,
크리슈나와 아르주나가 나눈 이 놀라운 대화를 기억할 때마다
저는 매 순간 감격합니다.
그리고 왕이시여,
놀라운 형상으로 나타난 크리슈나의 모습을 떠올릴 때마다
저는 거듭 감격합니다. 74~77

요가의 주님,
크리슈나가 있는 곳, 아르주나가 있는 곳에는
승리와 번영과 행복 그리고 정의가 늘 함께 합니다.
저는 분명히 그렇다고 믿습니다. 78

후기를 대신하여

21세기 현대인에게 『바가바드 기타』가 주는 의미는 무엇인가?

『기타』의 좋은 점

『기타』가 주는 메시지의 핵심은 우리가 경험적으로 보고, 듣고, 느끼는 세상은 허상이고 진상은 따로 있으며 이 사실을 굳게 믿고 허상과 맞서 싸워야 비로소 진상을 만날 수 있다는 데에 있다. 허상과 맞서 싸우는 것도 특별한 장소와 시기에 일어나는 것이 아니라 우리의 삶 자체가 싸움터이고 살아가는 매 순간순간이 싸움이다. 또한, 싸움에는 특별한 방법이 있는 것이 아니라 세상에서 이미 실천되고 있는 다양한 종교적 방법이 모두 싸움의 방법이 될 수 있다고 말한다. 종교적인 것이 아니더라도 각자가 맡은 의무와 책임을 다하는 것, 일상생활에서 하는 생각을 비롯한 말과 행동이 모두 진상에 이르는 방법이 될 수 있다. 다만, 이러한 다양한 싸움의 방법으로 진상에 이르기 위해서는 어떤 것을 행하더라도 그 결과에 대한 집착을 버리고 해야 한다는 것이 『기타』가 말하는 진정한 방법이다.

이처럼 『기타』가 사람들에게 전달하고자 하는 것은 보통의 인지능력과 감각으로 경험하는 일상 세계와는 '다른' 세계가 있다는 것에 대한 믿음과 이해이다. 자연의 물리적인 현상뿐만 아니라 인간의 뇌, 정신까지도 과학적으로 설명되는 21세기를 사는 현대인들에게 이러한 『기타』의 가르침은 어떤 의미를 가지는 것일까? 최첨단 과학기술 시대에 과학적으로 설명할 수 있는 경험 세계 이외에, 또 다른 세계가 있다는 것을 과연 믿어야 하는 걸까? 과연 믿을 수 있을까? 그것을 믿고 실천하면 무엇이 좋은 걸까? 이 질문에 대하여 『기타』에 대한 나의 현재 이해 수준에서 답하고자 한다.

내가 『기타』를 처음 접한 것은 1996년이므로 그때부터 지금까지 거의 19년의 세월이 흘렀다. 그 기간 『기타』를 한 구절 한 구절 번역하면서 박사 논문과 소논문을 썼으며 전체적인 메시지를 파악하고자 노력하였다. 그 결과 얻게 된 가르침 일부분을 조금씩 실천하면서 살아왔다. 이러한 과정을 거쳐 현재의 나는 '우리가 경험적으로 보고, 듣고, 느끼는 세상은 허상이고 진상은 따로 있다'는 『기타』 가르침을 있는 그대로 믿지는 않아도(이것은 나의 이해가 아직 그 수준에 미치지 못했기 때문이다) '우리가 경험적으로 보고, 듣고, 느끼는 것들이 어떤 때에는 진짜가 아닐 수도 있다'로 바꾸어 믿을 수는 있게 되었다.

또한 『기타』의 가르침을 믿고 따르면 무엇이 좋으냐는 질문에는 『기타』는 '고통과 기쁨에 마음이 동요되지 않고 모든 것을 평등하게 바라보며 원수와 친구, 존경과 멸시를 하나로 보고 추위와 더위, 즐거움과 괴로움, 비난과 칭찬을 같게 여기는 확고부동한 마음을 가질 수 있는 경지'로 설명한다. 그러나 나는 아직 그 경지에서의 좋은 점은 경험하지 못했다. 그러므로 내 경험의 수준에서 『기타』의 가르침을 믿고 실천해서 좋은 점을 말하자고 한다면, 감정적인 고통을 겪는 빈도와 정도가 감소하였고, 중요한 판단을 할 때 실수하는 일이 줄어든 것으로 말할 수 있다. 실수하는 일이 줄어들었다는 것은 어떤 일을 하고 나서 그 이후에 '그렇게 하지 말고 이렇게 해야 했는데' 하고 후회하는 횟수가 줄어들었다는 것을 의미할 뿐, 절대적인 기준에서 정확한 판단을 할 수 있게 되었다는 것을 의미하지는 않는다. 후자에 대해서는 누구도 쉽게 말할 수 있는 부분은 아니다.

그렇다면 『기타』를 읽고 구체적으로 어떻게 실천해야 할까?

『기타』의 구체적 실천방법

앞의 설명에서도 여러 번 강조하였듯이『기타』는 특별한 수행방법을 지지하거나 권장하지 않는다.

『기타』에서는 요가 수행뿐만 아니라 제사, 기도, 고행, 자선, 경전 공부 등 어떤 것을 하든지 모두 수행방법이 될 수 있음을 강조한다. 다만, 어떤 방법을 선택하여 수행하는 경험세계를 초월한 실새를 믿고 그것에 도달하고자 하는 굳은 의지를 갖추고 행해야 함을 강조한다. 말하자면 특별한 시기, 특별한 방법을 선택하여 수행하는 것이 아니라 삶 자체가 수행 과정이며, 일상적인 삶을 살면서 실재에 도달하는 방법을 제시하고 있는 것이다. 그것이 곧 카르마(행위) 요가, 즈나나(지혜) 요가, 박티(헌신) 요가이다.

나의 경험으로 말한다면 이 세 가지 요가 중에서 가장 쉽게 시도해볼 수 있는 것은 카르마 요가이다. 쉽게 시도해볼 수 있다는 것은 실천 그 자체가 쉽다는 것이 아니라, 시도하기 쉽다는 것을 의미한다. 시도는 쉽지만, 실제 실천하고 그 결실을 보는 것은 그 어떤 것도 쉽지 않다. 다만, 삶에서 자신에게 주어진 의무에 최선을 다하면서 살되, 결과에 대해서는 마음을 두지 않으려고 끊임없이 노력하다 보면 조금씩 그 결실을 느낄 수 있게 될 것이다.

그다음으로 즈나나 요가는 원칙상 초월적인 실재에 직접 정신적으로 도달하는 방법으로서, 일상적인 삶 속에서는 실천하기 불가능한 방법일 수 있다. 그러나 나는 이것을 일상적인 삶 속에서 자신에게 드는 온갖 잡다한 생각들, 잡념들을 의도적으로 멈추고 자신의 인식 속에 나타나는 모든 구별과 차별을 재고하고 그것과는 다른 대안의 가능성에 대해 열린 마음을 가지려는 노력으로 해석하여 실천하고자 하였다.

또한, 박티 요가는 실재에 대한 믿음을 굳게 가지는 것을 의미하지만, 그러한 믿음을 가지려고 하는 노력을 멈추지 않음으로써 실천될 수 있는 것으로 이해하였다.

실천과 함께하는 경전 공부의 필요성

그렇다면 『기타』를 어느 정도 이해한 후에는 실천만 하고 더는 읽지 않아도 되는 것일까? 나의 경우, 그동안 『기타』에 대하여 학위논문과 소논문을 써야 했기 때문에 그 내용을 늘 머릿속에 담고 있어야만 했다. 『기타』의 특정 구절들을 되새기며 그것이 어떤 뜻일지를 늘 고민했고, 실제로 어려운 일이 생겼을 때 크리슈나라면 어떻게 해결해줄 수 있을지 스스로 물어보기도 했다. 그럴 때마다 특정한 해결책이 떠올랐던 것은 아니다. 하지만 불안정했던 마음이 안정을 찾게 되는 것을 여러 번 경험하였다. 『기타』의 특정 부분을 소리 내 반복적으로 읽으면서, 혹은 한 문장 한 문장 베껴 쓰면서 마음의 안정을 찾은 적도 있다. 이처럼 『기타』의 메시지를 실천하는 것뿐만 아니라 구절들을 읽으면서 그 의미를 이해하고자 지속해서 노력하는 것은 중요하다. 물론 이것은 내 경험에 국한된 것이고 사람마다 다를 수는 있다.

독자들께 드리는 기원

우리가 경험하는 세상 전체가 허상이라는 것은 인간으로서 믿기 어려운 것이 사실이다. 하지만 생각 중에 허상이 많다는 것은 일상적으로 쉽게 경험할 수 있다. 전날 생각한 내용이 다음 날 아침에는 그와 반대로 생각되는 경우, 어떤 사람이 오늘은 미웠지만 다른 날에는 고맙게 느껴지는 경우 등은 일상에서 쉽게 경험하는 일이다. 이 두 가지 상반된 생각 중에서 과연 무엇이 진짜일까? 우리는 이 두 가지 중에서 자신이 원하는 것을 진짜라고 생각하고 싶어 하지만 사실 이 두 가지 모두 진짜는 아니다. 그냥 가만히 있어도 홀연히 드는 생각들에는 그냥 지나쳐도 되는, 아니 그냥 지나쳐야 하는 허상인 것들이 섞여 있다. 어떤 문제를 해결하기 위하여 생각을 의도적으로 집중해야 하는 경우는 예외이지만 가만히 있어도 여기저기에서 흘러드는 생각들을 의도적으로 멈추는 노력은 삶을 덜 고통스럽게 할 수 있다. '혹시나 이렇지 않을까?'라는 고민 탓에 걱정이나 두려움이 밀려오기도 하지만, 곰곰이 생각해보면 그러한 고민은 부질없는 것이다. 왜냐하면, 그것은 우리의 짐작일 뿐이며 실재는 우리의 짐작이나 생각에 따라 좌지우지되는 것이 아니라 그것과는 별도로 존재하기 때문이다.

『기타』는 우리 앞에 놓인 세계는 우리의 감각과 인식 때문에 왜곡되어 투사된 세계이기 때문에 왜곡되지 않은 맑은 정신으로 파악되는 세계가 따로 있다고 말한다. 그렇다면 왜곡된 인식을 가진 사람은 어떤 사람이고 왜곡되지 않은 맑은 인식을 가진 사람은 어떤 사람일까? 이 질문에 대해 『기타』는 왜곡된 인식은 인간 존재의 근본적인 조건이기 때문에 인간은 누구나 왜곡된 인식을 가지고 살아갈 수밖에 없지만, 살아가면서 자신의 노력 여하에 따라서 왜곡된 인식에서 벗어나 조금씩 맑은 인식을 가질 수 있다고 대답하고 있다. 『기타』는 바로 그 노력의 방법을 말하고 있다.

다음의 두 가지를 생활 속에서 실천하는 노력은 『기타』를 이해하는 데에 도움이 될 것이다.

• 아무 이유 없이 홀연히 드는 생각과 느낌을 멈추려고
  항상 노력하자.

- 현재 자신이 가지고 있는 생각과 느낌에 머물지 말고
  항상 그 반대의 것을 생각하자.
  예컨대, 기쁠 때는 슬플 때를 생각하고,
  슬플 때는 기쁠 때를 생각하자.

『기타』에 대한 나의 이해는 2001년 박사 논문을 완성했을 당시보
다 더 많이 넓어지고 깊어졌다고 말할 수 있다. 그러나 이것은 상대
적인 것일 뿐, 지금 나의 이해가 완전하다는 뜻은 아니다. 이 해설서
를 10년 후쯤에 다시 보면 지금 내 박사 논문이 부끄러운 것처럼 이
해설서가 부끄러울지 모른다. 아니, 그렇게 느낄 수 있으려면 앞으
로 10년 동안 나는 『기타』의 가르침을 늘 염두에 두고 생활 속에서
더욱 열심히 실천하고자 노력해야 할 것이고, 이러한 노력을 하면서
도 끊임없이 명심해야 하는 것은 '그저 노력할 뿐 대가를 바라지 말
아야 한다'는 것이다.

　어떤 일을 할 때 '억지로라도' 그 일의 결과에 대한 집착을 버리면
서 하는 것, 복잡한 생각으로 어지러울 때 '억지로라도' 그 생각을 멈
추는 것, 미움, 분노, 실망, 자만 등의 생각이 들 때 그 반대되는 생각
으로 덮어버리는 것 등은 마음이 혼란스러울 때 마음의 평정을 찾을
수 있는 좋은 방법이다. 하지만 이러한 방법들은 말로 설명하기는
쉽지만, 일상생활 속에서 실천하는 것이 얼마나 어려운지 실천하려

고 시도하는 그 순간부터, 그리고 실천할 때마다 느낀다.

삶이 힘들고 고통스러운 것은 어쩔 수 없는 일이다. 그러나 홀연히 드는 생각을 멈추는 습관만으로도 삶이 덜 고통스러울 수 있다는 것을 나는 『기타』를 통해서 알게 되었다. 이 해설서를 읽는 독자도 『기타』의 가르침 중에서 어느 하나를 실천함으로써 삶의 고통을 조금이라도 덜 수 있게 되기를 기원한다. ॐ

부록

인도철학의 역사 속에서 『기타』가 차지하는 위치 및 의의 [1]

『기타』는 흔히 '요가서'로 칭해진다. 그만큼 『기타』에서 '요가'는 핵심적인 개념이다. 요가는 『기타』에서 독특하게 형성된 개념이 아닌 『기타』이전부터 인도 철학의 역사에서 전통적으로 형성되어 온 개념이다. 요가의 전통은 마음의 발달에서 외적 권위나 형식보다는 개인적, 구체적인 체험을 우선 중요시한다. 즉, 요가의 전통은 마음의 발달기준을 마음 밖에 있는 외적 권위나 형식에서 찾는 것이 아니라 개인의 마음 안에서 찾는다. 그러므로 그것은 외적 권위나 형식을 중요시하는 인도의 종교적 전통에서 정통이 아닌 이단으로 오랫동안 머물러 있어야 했다. 인도 철학의 역사는 정통 브라흐만교Brahmanism의 전통과 이러한 요가의 전통 사이의 상호갈등, 상호침투의 과정으로 파악될 수 있다. 이러한 과정에서 정통 브라흐만교는 요가의 영향, 침투를 허용함으로써 역사상 몇 번의 자체적인 변

---

1 이하 설명의 일부는 '도덕교육이론으로서의 『바가바드 기타Bhagavad Gītā』의 요가이론'(서울대학교 박사학위 논문, 한혜정, 2001)에서 발췌 및 수정하여 인용하였다.

ॐ 부록

화를 겪는다. **베다**Veda시대에 제사 중심의 브라흐만교는 제사의 형식주의의 오류를 경계하는 요가의 영향으로 형이상학적 사고 중심의 **우파니샤드**Upaniṣad철학을 낳았다. 우파니샤드 철학의 출현은 이단에 머물던 요가의 전통이 정통으로 인정되어 표면화되었다는 것을 의미한다. 『기타』에 이르러 기존의 모든 종교적 입장은 요가의 입장에서 재통합되었으며 이것은 곧 정통과 이단의 긴 싸움에서 이단에 머물던 요가의 전통 승리를 의미하는 것이다.

요가의 전통은 이 시기에 이르러 다방면으로 체계화되기 이른다. 인도철학의 역사상 『기타』가 성립된 시기는 인도철학이 체계화되어 학파가 성립되기 시작한 시기와 거의 동시대이다. 그 당시에 성립된 여러 학파 중에서 요가의 전통과 밀접한 관련이 있는 학파는 상캬 학파와 요가 학파다. 상캬 학파의 철학과 요가 학파의 철학은 상캬 카리카Sākhya Kārikā와 요가 수트라Yoga Sūtra라는 경전에 각각 체계적으로 잘 나타나 있다. 이 두 철학이 요가의 전통을 논리적 진술의 양식으로 체계화하였다면 『기타』는 그것을 서사시적 진술의 양식으로 체계화하였다고 말할 수 있다.

산스크리트 어원상 '함께 묶는다' '단단히 잡아 둔다'라는 의미를 가진 동사의 어근 √yuj라는 말에서 파생된 요가yoga는 그 자체에 다양한 의미를 담고 있다. 요가라는 말이 다양한 의미를 가지는 것은 일차적으로 그것이 역사적으로 형성, 발전된 개념이기 때문이다. 요가는 수세기를 거치는 동안 개인적인 정신적 각성 또는 깨달음을 위하여 필요한 모든 것들—가장 초보적인 것에서 가장 복잡한 것에 이르기까지 모든 종류의 정신적 기법과 이론—을 흡수, 통합함으로써 형성된 개념이다. 이러한 흡수, 통합의 과정은 반대편에서 말하면 그것과 상반된 요소는 철저히 배제하는 과정을 의미하기도 한다. 『기타』는 이러한 요가의 역사적 발전

과정에서 그 정점에 있다. 이것은 곧 『기타』에 와서 비로소 요가가 완전한 의미를 가지게 되었다는 것을 의미한다. 이를 위하여 『기타』는 그 시대에 현존하고 있던 다양한 종교, 철학적 가르침을 요가의 관점에서 한 체계로 집대성하여야 했다.

이하에서는 이러한 요가 전통의 변천 과정을 『베다』 『우파니샤드』 『기타』로 구분하여 살펴보고자 한다.

1. 『베다』와 요가

베다는 오랜 세월에 걸쳐 형성된 인도의 가장 오래된 문헌으로서 그것이 대략 현재의 형태를 갖추게 된 것은 A.D. 200년 전후로 추정된다. 베다는 인도의 정통적인 브라흐만교의 제식 주의가 사회에 상당한 영향을 미치고 종교적 의식이나 제사가 형식적으로 정형화 되어 있던 시대의 산물이다. 처음에는 신에 대한 감사를 표시하거나 신의 후의를 기원하는 것을 목적으로 진행되었던 제사는 시간이 지나 제사의식이 점점 전문화되고 정교해짐에 따라 지나치게 형식에만 치중하는 경향으로 흐르게 되었다. 이러한 과정은 제사를 주관하는 사제인 브라흐만 계급의 사회적 지위와 권위가 강화된 것과도 관련되어 있다. 그들은 제식 주의에 기반을 둔 정형화된 세계관을 가지고 베다를 그들의 필요에 맞게 정리하기도 하였다.

그러나 베다의 찬가에서는 이처럼 정통 브라흐만교 안에서 일어나는 경직화된 제식 주의적 경향과는 또 다른 경향을 주도하는 사람들이 있었다는 것을 입증할 만한 구절이 많이 발견된다. 그러한 사람들은 주로 '진리를 보는 자ṛṣi', 즉 현자라고 불렸던 사람들로서 그들은 평범하고 몽매한 개인들에게 모든 영적인 어둠을 초월하여 있는 빛나는 실재, 시작도 끝도 없고 여러 가지 이름으로 불리는 그 영원한 존재로 가는 길을 보여 주었다. 그들은 그러한 실재에 대한 신성한 인식을 스스로 고된 내적 수행, 예컨대 고행이나 명상 등을 통하여 얻었다.

그 당시 형식적인 제식 주의에 더욱 치우치고 있었던 정통 브라흐만교는 정형화된 무시하고 개인적인 정신적 각성만을 강조하는 이러한 현자들—이들은 요가를 수행하는 사람이라는 의미에서 '요기yogi'라고 불렸다—에게 적대적일 수밖에 없었다. 그리하여 현자들은 정신적 수행을 통하여 얻은 지적 비밀을 정통 브라흐만교의 외곽에서 암암리에 전수하는 스승이 되었다. 이처럼 베다에 들어있던 개인적인 정신적 각성을 중요시하는 전통, 즉 요가의 전통은 주로 정통에서 벗어나 이단이라는 틀 속에서 일하는 이러한 사람들에 의하여 점점 그 뚜렷한 형태를 가지기 시작하였다.

그 이후 의식절차나 출생, 결혼, 죽음과 관련된 문제에 관해서는 여전히 브라흐만 계급의 사제들에게 의뢰하면서도 그와 다른 경향, 즉 개인적인 정신적 각성을 추구하는 현자들의 경향에 대하여 관심을 가지는 사람들이 점점 늘어났다. 또한, 브라흐만 계급의 사람 중에서도 초월성에 대한 형이상학적 질문에 마음이 사로잡혀 있는 사람들이 많아짐에 따라 브라흐만교는 더는 요가의 전통을 무시할 수는 없었다. 그리하여 정통 내에서도 요가의 전통을 수용하고자 하는 움직임이 일기 시작하였다. 그러나 아직은 현자들에 의하여 주도되었던 요가의 전통은 정통의 외곽에 머물러 있을 수밖에 없었으며 그것이 전면으로 주목받기 시작하는 것은 우파니샤드(약 기원전 600년) 시대에 이르러서다.

2. 『우파니샤드』와 요가

우파니샤드에 와서 베다의 정통 제식 만능주의는 형이상학적 사고로 대치된다. 그리하여 제사는 더는 형식적인 것이 아니라 '내면적인' 것이 된다. 그들은 제사를 드리는 것보다 제사의 의미를 궁구하는 것을 더 중요하게 생각하였으며 신이라는 존재는 제사라는 외적 장치 없이 오직 마음으로 숭배되는 것으로 인식되었다. 이러한 인식의 획기적인 변화는 어떻게 일어날 수 있었는가? 이러한 일을 주도한 사람들은 누구인가?

우파니샤드 시대에 와서 브라흐만교의 전통과 요가의 전통은 더 이상 정통과 이단이라는 적대적 관계로 남아 있을 수 없었다. 양 전통의 상호침투는 상당한 정도로 진행되어 전기 우파니샤드에서는 요가의 전통 속에서 이루어졌던 정신수련의 기법에 관한 언급이 공공연히 등장한다.

우파니샤드에 나오는 구절의 표현 중에 요가의 이미지를 담고 있는 것이 많이 보이고 요가의 기법에 대한 표현이 많이 나오는 등의 특징도 중요하지만, 그보다 더 중요한 것은 요가 전통의 침투로 인하여 정통 브라흐만교의 전통 내에 어떤 사상적, 정신적 변화가 일어났는가 하는 데에 있다. 일반적으로 우파니샤드 철학의 가장 위대한 사상적 발견은 '브라흐만Brahman과 아트만Atman의 일치'라는 말로 표현된다. '브라흐만'은 베다 이래로 불멸적이며 전능하며 불가해한 실체, 모든 자연현상과 인간적 체험의 근본, 모든 창조의 원동력, 인간을 초월한 절대적인 존재 등을 가리키는 개념으로 사용되었으며 '아트만'은 인간 개개인이 가지는 마음, 또는 자아를 가리키는 개념으로 사용되었다. 이러한 브라흐만과 아트만이 일치된다는 것은 곧 절대자와 나와의 일치, 절대자와 내 마음의 일치를 의미하며, 나아가 이것은 아무런 외적 장치 없이 인간 각 개인의 마음만으로 절대자와 일치를 이룰 수 있다는 것을 나타낸다. 이것은 브라흐만이라는 세계의 절대 원리가 따로 있고 그것이 곧 인간의 정신적 원리인 아트만과 같다는 것이 아니라, 인간의 정신적 원리가 곧 세계의 원리라는 것—여기에서 강조점은 브라흐만이 아니라 아트만에 있다—을 말하는 것이다.

베다 시대의 제식 주의에서 절대적 존재로서의 신은 항상 인간과 동떨어져 존재하는 것이었다. 그러므로 그로부터 구원을 얻기 위해서는 그에게 희생을 바치고 제사를 바쳐야 했다. 우파니샤드의 '브라흐만과 아트만의 일치'라는 가르침은 이러한 형식적인 제사만으로는 구원을 보장받지 못한다는 것, 구원은 철저히 마음의 문제라는 것을 확고히 하는 것이다. 그리하여 브라흐만은 브라흐만이라는 특정 계급의 사람만이 오를 수 있는 불가침의 성역이 아니라 영지와 신비적인 지혜를 얻으려고 노력하는 자라면 누구든지 오를 수 있는 것이 되었다. 이러한 우파니샤드의 위대한 발견이 단순히 사변적인 추리에만 의존해서 나왔다고 볼 수는 없다. 우파니샤드 철학이 단순히 사변적인 수준에서 벗어나 이러한 위대한 발견을 이룰 수 있었던 것은 요가 전통의 영향 때문이었다.

이제, 이러한 발견을 주도한 사람들은 여러 다양한 계층으로 확대되었다. 우파니샤드에 등장하는 유명한 성인 야즈나발캬Yājnavalkya는 브라흐만 계급의 사람이었으며 그 밖에도 숲 속에 은둔하여 내적 고행을 통해 깨달음을 얻고자 한 브라흐만 계급의 사람이 많이 있었다. 또한 자나카Janaka와 아자타샤트루Ajātashatru와 같은 왕들도 있었다. 이러한 사람들은 모두 자신들을 현세의 삶으로부터 자유롭게 해 줄 초월적 지식, 즉 브라흐만에 관한 지식을 얻는 데에 몸과 마음을 바쳤으며 이를 얻기 위하여 명상이나 고행 등의 요가수행을 하였을 것으로 추측된다. 그러나 이러한 우파니샤드적 발견을 이룬 브라흐만 계급의 사람들이 베다의 제식 주의로부터 완전히 벗어난 것은 아니었다. 숲 속에 은둔한 브라흐만 계급의 사람들도 일상적 삶의 번잡함으로부터 떠난 것일 뿐 그 당시의 주된 흐름이었던 제식 주의적 경향에서는 완전히 탈피하지 못하였다. 그리하여 그들은 자신들이 발견한 진리를 전달하는 데에 아직은 조심스러울 수밖에 없었다. 외적 상황으로나 가르침의 본질적 성격으로 보나 우파니샤드적 지혜는 공공연히 가르칠 수 있는 것이 아니었다. 그들은 암암리에 모여 그 비교(祕敎)를 전수하고 전수 받았다. 산스크리트로 '가까이'라는 의미의 'upa', '아래'라는 의미의 'ni', '앉는다'라는 의미의 'ṣad'의 합성어로서 '스승 가까이 앉아서 배운다'는 말을 뜻하는 'upaniṣad'는 이러한 상황에서 나온 말이다.

앞에서 말한 바와 같이 우파니샤드는 형이상학적 사고에 의존함으로써 베다의 제식 주의적 한계를 벗어날 수 있었다. 그러나 요가의 관점에서 볼 때 형이상학적 사고는 베다의 제식 주의가 가지는 한계를 극복한 것이지만 다시 그것과 또 다른 종류의 한계에 떨어질 위험을 항상 가지고 있다. 베다의 제식 주의에 요가의 요소가 결여될 때 나타나는 한계를 '형식주의'라는 말로 표현한다면 우파니샤드의 형이상학적 사고에 요가의 요소가 결여될 때 나타나는 한계는 '주지주의'라는 말로 표현할 수 있을 것이다. 형식주의와 주지주의가 공통으로 드러내는 위험은 정신적 고갈, 생동감 결여, 직접적 체험의 결여 등으로 표현된다. 그리하여 개인적인 정신적 각성, 깨달음에 대한 구체적 체험을 추구하는 요가 전통의 완전 승리는 아직 미진했다. 그것은 오직 『기타』가 나오기를 기다려야 했다.

3. 『기타』와 요가

인도의 서북부로부터 들어와 인더스강과 잠나강 사이에 자리를 잡고 브라흐만 계급의 주도하에 발전했던 아리안 족의 베다 문화는 기원전 6~7세기경부터 동쪽으로 확대되어 가기 시작하였다. 이 시기에는 철기 문화의 수입으로 여태껏

밀림지대였던 곳이 개간되어 농작지가 확대되고 생활이 윤택해짐에 따라 갠지즈강 중류 동쪽에는 여러 곳에 상공업을 중심으로 하는 도시문화가 건설되었다. 이에 따라 촌락과 씨족 단위의 유대관계를 기반으로 형성되어 왔던 브라흐만교의 지위는 자연히 흔들리게 되었다. 더욱이 아리안 족의 동점(東漸)으로 인하여 원주민과의 인종적 혼합도 생기게 되어 정통 브라흐만교의 지위의 약화는 더한층 가속화되었다. 이러한 상황에서 브라흐만 계급의 사회적 특권이나 베다의 종교적 권위를 인정하지 않는 불교나 자이나교와 같은 새로운 자유사상적 운동이 일어나게 되었다. 당연히 이러한 자유사상적 운동은 종래의 브라흐만교의 전통에 커다란 충격을 가하였다. 브라흐만교의 중심은 어디까지나 베다의 제사의식과 이에 따르는 브라흐만 계급의 종교적, 사회적 권위 위에 있었기 때문이다. 불교나 자이나교는 강한 윤리적 합리성에 입각한 종교로서 반제사주의적 성격을 지녔고 사회적으로도 평등주의적인 윤리관으로 인하여 브라흐만 계급의 특권을 인정하지 않았다.

이러한 시대의 흐름 속에서 브라흐만교의 지도자들은 불교와 같은 자유사상적 운동에 대항하기 위해서는 그들의 전통을 재정비할 필요를 느꼈다. 사실상 앞에서 살펴본 바와 같이 불교 등이 표방하는 자유사상적 경향은 이미 브라흐만교의 내부에서도 일어나 우파니샤드 사상의 배경을 형성하고 있었다. 이러한 시기에 브라흐만교 내부에서는 아리안 계통이 아닌 인도의 원주민들에게 깊이 뿌리 내리고 있던 토착신앙과의 결탁을 통하여 대중운동으로의 발전과 불교에서 비교적 등한시하는 생활규범으로서의 사회윤리체계의 확립에 힘쓰는 등 다방면에 걸친 재정비작업이 이루어졌다. 그러나 이러한 재정비 노력에서 무엇보다도 주목할 만한 것은 기존의 요가의 전통을 적극적으로 수용하여 그것을 체계적으로 발전시킨 것이다. 브라흐만교의 이러한 추세를 잘 반영해주고 있는 문헌은 기원전 약 200년경에 완성되었다고 여겨지는 서사시 라마야나와 마하바라타이다. 특히 마하바라타 중에 있는 『기타』는 그 당시 요가의 전통과 관련된 브라흐만교의 사상적 경향이 집약적으로 나타나 있는 문헌이다.

요가 전통의 득세, 자유사상적 운동의 출현이라는 그 당시의 분위기에 발맞추어 주목할 만한 것은 쉬바Śiva신, 비쉬누Viṣu신, 바수데바Vāsudeva신, 크리슈나Kṛṣa 신 등의 인격신을 숭배하는 소위 '박티bhakti' 종교의 유행이다. '공유하다, 경배하다, 존경하다, 사랑하다'라는 뜻의 동사 어근 √bhaj에서 파생된 명사 'bhakti'는 '신을 향한 숭배자의 헌신적인 심리상태'를 가리키는 말이다. 이러한 박티 종교가 이때 처음으로 출현한 것은 아니지만, 이 시기에 와서 대중적인 신앙으로서 크게 번성하게 된다. 그 당시에 이러한 박티 종교를 대표하는 것은 바수데바라는 인격신을 숭배하는 중인도 서부의 바가바타Bhāgavata파의 종교이다. 학자에 따라서는 『기타』를 이러한 바가바타파에 의하여 만들어진 독립적인 시편으로서 나중에 마하바라타에 흡수된 것으로 추정하기도 한다.

이러한 논의의 근거는 『기타』에 'bhakti'라는 용어가 많이 등장하고 전반적으로 인격신을 숭배하는 유신론적 분위기가 지배적이라는 데에서 찾아볼 수 있다. 아르주나가 육화된 신으로서의 크리슈나에 대한 사랑의 감정을 점진적으로 체험해 가다가 결국은 크리슈나에 대한 헌신과 사랑의 맹세로 끝나는 『기타』의 전체적인 구성 자체도 이러한 판단을 충분히 뒷받침한다. 또한, 개인적인 정신적 각성, 절대적 존재와의 합일에 대한 구체적 체험을 강조하는 『기타』의 요가 사상과 인격신과의 정서적 결합, 사랑을 강조하는 박티 종교는 그 양자가 유사한 시기에 함께 부흥기를 맞이하였다는 역사적 사실이 입증하듯이 근본적으로 목적을 같이한다. 그러나 그렇다고 하여 『기타』가 여러 가지 종교적 경향 중에서 박티 종교만을 강조한다고 보거나 『기타』를 오로지 박티 종교의 관점에서 기술된 문헌으로 보는 것은 잘못이다. 앞에서 말한 바와 같이 『기타』는 박티 종교의 관점만을 받아들이는 것이 아니라 그 이전의 종교, 철학적 관점을 모두 받아들인다. 베다의 제식 주의 관점도, 우파니샤드의 형이상학적 관점도, 요가 학파와 상캬 학파의 철학적 관점, 그리고 박티 종교의 관점까지 『기타』는 한 체계로 통합한다. 이러한 상호 이질적인 여러 관점을 한 체계 안에 승화시키는 『기타』의 관점이 바로 요가이다. 『기타』가 요가의 관점에서 기존의 모든 종교적, 철학적 관점의 한계를 경계한다고 해서 그 모든 관점을 버리는 것을 의미하지 않는다. 요가의 관점은 그 모든 것의 위험을 경계함과 동시에 그것을 새로운 의미로 되살린다. 즉, 제사도, 경전도, 고행도, 믿음도, 명상도, 일상적인 삶에서 행하는 모든 생각, 말, 행위 등 그 모든 것은 요가의 관점에 따라 행해질 때 다음과 같은 의미로 되살아난다.

제사와 보시와 고행은 결코 버려서는 안 된다.
이 세 가지 행위는 영혼을 정화시킨다.

그러나 아르주나여,
이러한 행위들도 집착을 버리고
대가를 바라지 않는 마음으로 행하여야 한다.
이것이 가장 중요하다. 〈18:5~6〉

이제 형식적인 제사만이 제사가 아니다. '제사의 정신', 즉 무엇이든지 그 대가를 바라지 않고 하는 정신, 의도가 개입되지 않은 정신으로 하는 것은 모두 제사가 된다.

그러므로 아르주나여,
무엇을 하든지, 무엇을 먹든지
무엇을 바치든지, 무엇을 베풀든지, 무슨 고행을 하든지
그 모든 것이 나에게 바치는 제물이 되도록 하라. 〈9:27〉

제사뿐만 아니라 금욕이나 고행의 의미도 다음과 같이 되살아난다.

신과 지혜로운 사람과 영적인 스승을 섬기는 것,
청결함과 단순함과 절제와 비폭력,
이것이 몸의 고행이다.

위로하는 말과 진실한 말을 하는 것,
친절하고 힘을 주는 말을 하는 것,
규칙적으로 경전을 낭독하는 것,
이것이 말의 고행이다.

고요함과 부드러움과 침묵을 지키는 것,
자기를 제어하고 순수한 마음을 가지는 것,
이것이 마음의 고행이다. 〈17:14~16〉

이상과 같이 『기타』는 기존의 여러 종교, 철학적 가르침, 즉 베다의 제식주의, 우파니샤드의 형이상학적 사고, 박티 종교, 금욕주의 등을 그것에 내포된 위험을 극복한 채로 새로운 관점, 즉 요가의 관점에서 한 체계로 통합한다. 모든 것을 요가의 관점에서 통합한다는 것은 곧 모든 것을 오로지 마음과의 관련 하에서 설명한다는 것을 의미한다. 각각의 종교, 철학적 가르침이 마음과 유리되어 추구될 때 베다의 제식주의는 '형식주의', 우파니샤드의 형이상학은 '주지주의', 박티 종교는 '맹목주의'의 위험에 빠지게 된다. 『기타』에서는 상캬 철학과 요가 철학의 이론적 견해 차이 또한 지양된다. 앞에서 말한 바와 같이 상캬 철학과 요가 철학은 요가의 전통을 철학적으로 체계화한 두 가지 대표적인 철학으로서 『기타』의 철학적 기반을 이룬다. 그럼에도 불구하고 양 철학 사이에는 논리적으로 서로 양립할 수 없는 이론적 차이가 존재한다. 예컨대, 상캬 철학은 무신론적인 반면 요가 철학은 최고의 신의 존재를 가정한다는 점에서 유신론적이다. 또한 상캬 철학은 해탈의 유일한 길은 형이상학적인 지식의 추구에 있다고 보는 반면 요가 철학은 명상이나 고행 등의 실제적인 기법의 실천에 있다고 본다. 그러나 요가의 관점에서 볼 때 이러한 이론적, 실제적 차이는 중요한 것이 아니다. 중요한 것은 그러한 이론적 차이 이면에 어떤 같은 목적이 들어있는가를 알고 그 목적에의 도달을 직접 '체험'하는 데에 있다.

　이러한 요가의 경지를 두고 할 수 있는 의미 있는 일은 특정 종교, 철학적 입장을 옹호하고 그것의 진위를 논증하는 것이 아니다. 그것은 여러 종교, 철학적 입장을 가로질러 존재하는 그러한 경지를 어떻게 내 마음에, 내 삶에 구체화할 수 있는지를 끊임없이 성찰하고 실제로 노력하는 일이다. 누구인지 모르지만 『기타』의 저자가 모든 종교, 철학적 입장을 받아들여 한 체계로 통합할 때 마음에 가지고 있었던 것은 바로 이러한 생각이었을 것이다. 또한, 논리상 도저히 양립할 수 없는 다른 종교, 철학적 입장을 한 체계로 끌어들이는 것을 가능하게 만든 것도 바로 이러한 생각이었을 것이다. 『기타』에서 크리슈나는 요가의 경지에 도달하기 위한 구원의 길을 마음 밖이 아닌 마음 안에서 찾고, 마음 안에서 이루어지는 구원을 향한 역동적 메커니즘을 설명해주고 있다.

참고문헌

『바가바드 기타』, 길희성 옮김 (서울: 현음사, 1984)

『바가바드 기타』, 함석헌 옮김 (경기: 한길사, 1996)

『바가바드 기타』, 임승택 옮김 (서울: 경서원, 1998)

『바가바드 기타』, 정창영 옮김 (서울: 시공사, 2000)

「도덕교육이론으로서의 『바가바드 기타Bhagavad Gītā』의 요가이론」, 한혜정 (서울대학교 박사학위 논문, 2001)

Buitenen, J.A.B.(trans.)(1981), The Bhagavad Gītā. (Chicago: Chicago Univ. Press)

Easwaran, E.(trans.)(1985), The Bhagavad Gītā. (London: Arkana)

Radhakrishnan, S.(trans.)(n.d.), The Bhagavad Gītā. (New York: Harper & Brothers Publishers)

THE BHAGAVAD GĪTĀ

생활 속의
바가바드기타

우리. 삶이. 요가가. 된다면

초판 발행   2016년 1월 15일

지은이   한혜정
발행인   최규학
책임 편집   김남우   편집   고광노

임프린트   체온365

발행처   도서출판 ITC   등록번호   제8-399호
주소   경기도 파주시 신촌2로 38, 201호
전화   031-955-4353~4   팩스   031-955-4355   이메일   chaeon365@itcpub.co.kr

인쇄   한승문화사   용지   화인페이퍼

ISBN   978-89-6351-054-5   03270

www.itcpub.co.kr